Kardemomme.
Peber.
Nelliker.

Torkild Hinrichsen

Dänische Desserts
Dansk Dessert

Süße Versuchungen
Søde fristelser

Dänischer Nachtisch in alter Familientradition

Rezepte, Geschichten

Husum

Einführung vorweg: Was ist „Dessert"?

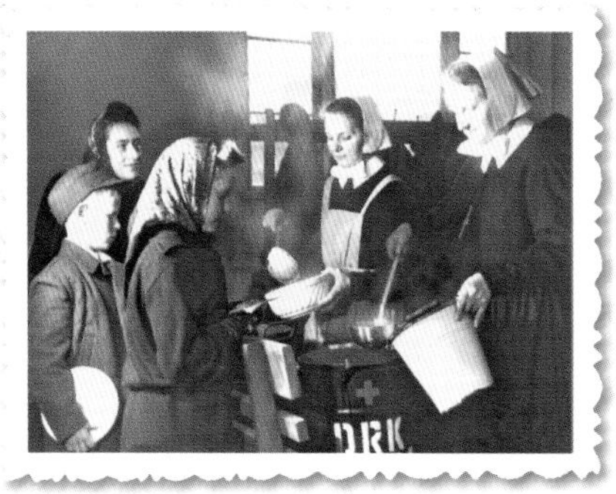

Der Schluss vorweg: Dies sei sozusagen die Vorspeise zur Nachspeise. Man könnte schlichtweg glauben, das dänische (und deutsche) Wort für Nachspeise, Efterbord, „Dessert" käme vom lateinischen „desertus", das „verlassen", in öder Wüste jenseits der Hauptspeisen liegt. Jedes Kind, das sich durch ungeliebt Sättigendes, Gesundes oder anderes hindurcharbeiten muss, durch die bürgerliche Wüste elterlicher Zwangsfütterung, solches Kind glaubt das sofort, denn ihm winkt als Belohnung zum Schluss die süße Glückseligkeit. Außer – das Kind ist unglücklicherweise ein ganz anderes Kind, das zu den Millionen von Kindern gehört, die froh sind, überhaupt satt werden zu können. Denen wird es nie einfallen, an der mühsam herbeigeschleppten Nahrung herumzumäkeln. Denn da gibt es nur die grausame Alternative: Essen oder kein Essen und Sterben, wie jährlich 3,1 Mio. andere auf der ganzen Welt, in jeder Sekunde 13.

Das Dessert als Essensabrundung ist ein ausgesprochen bürgerliches Phänomen, das sich mit Verfeinerung der Kochmöglichkeiten und Ess-Sitten im Laufe des 19. Jahrhunderts entwickelt hat. Darüber schwebte bis in unsere Zeit in vielen Familien die erzieherische Drohung: „Wenn du nicht aufisst, bekommst du keinen Nachtisch!" Und schon fällt die Sonntagsstimmung wie ein missglückter Hefeteig in sich zusammen, mit pädagogischen Unstimmigkeiten zwischen den Elternteilen und einem oder mehreren heulenden Kindern. Der Sonntag ist dahin und die Mühe in der Küche vergebens.

„Dessert" ist nicht „Brot für die Welt", umsorgt von unserem Mitleid und der kirchlichen Kollekte. Dessert ist schlichtweg Luxus, nicht wirklich lebensnotwendig. Dabei verlangt es durchaus nicht große Finanzmittel, sondern Kreativität. Auch mit einfachen Zutaten vermag die kreative Fantasie die schönsten Nachspeisen zu zaubern. Nur eines verlangt es wirklich: Zeit. Genügend Zeit zum Bereiten und Zeit zum Genießen, und davon haben immer mehr Menschen, wie sie glauben, immer weniger. Dabei ist Dessert krönender Abschluss auch eines einfachen Mahles, weniger zur Sättigung des Magens als des Herzens, eine stille Freude zu guter Stimmung. Ob-

wohl Dessert weniger den Werktagen als dem Sonntag und Feiertag angehört, haben es meine Großeltern in Nordjütland immer geschafft, auch werktags ihr gemeinsames Mittagessen mit einem Dessert abzurunden, obwohl meines Großvaters Dienst als Vorsteher bei der Königlichen Eisenbahn den Rhythmus ihres Lebens diktierte und sie erst nach seiner Pensionierung 1945 ihr Tagestempo selbst bestimmen konnten.

Statt „Dessert" sagt man in Deutschland heute „Nachtisch", in Dänemark aber, ehemals wie heute, immer „Dessert". Daran sind nicht, wie häufig, die Römer mit ihrem Latein Schuld, sondern die Franzosen mit ihrer Königsdisziplin der gehobener Kochkunst. Nach dem „Auftragen", dem „servir", kommt nämlich zuletzt das „des-servir", das Abdecken und Wegräumen der Geschirre und Hilfsmittel der vorangegangenen Essensgänge, kurzum, es wird rein Tisch gemacht für die unbehinderte Eröffnung des Finales. Nach Vorspeisen, Suppe, Zwischen- und Hauptgängen endlich der Nach-Tisch, das Dessert: „Nu kommer Desserten". Das muss in Stil und Menge unbedingt zu der Harmonie der anderen Gänge passen, es sei denn, jemand soll besonders geehrt werden, etwa ein Geburtstagskind. Das wird man mit seinem Lieblingsdessert beglücken oder es darf sich etwas wünschen, unweigerlich immer das Gleiche, vom Spracherwerb bis zum 100. Geburtstag, ein lebenslanger persönlicher Begleiter, Jahr für Jahr zuverlässig getaktet, eine süße, verlässliche Erinnerung an all die Lieben, mit denen man zusammen am Tisch gesessen hat, und an die begnadeten Köchinnen, die es schafften, unveränderlich nicht nur das Gleiche zu kreieren, sondern bis heute eine ins Unendliche wachsende Portion desselben Gerichtes herstellten. Die Weise der Zubereitung von der einen Frau der nächsten erzählt und von dieser der übernächsten, über die Zeiten hinweg, unter Vermeidung extremer persönlicher Varianten und Ambitionen. So ist der Nachtisch mitunter ein großer Topf an Lebenszeit, die jährlich portionsweise ausgeteilt wird.

Die Wissensquelle zu jeglichem Rezept (und natürlich den Desserts) ist persönliche familiäre Überlieferung. So fußt auch die hier vorliegende Sammlung auf Erinnerungen: an meine Mutter, deren Eltern und Großeltern und den entsprechenden meines Vaters. Der Traditionsstrang reicht von Nordjütland nach Nordschleswig bis Altona und umfasst den Zeitraum von fast 200 Jahren. In dieser Kette gibt es auch zwei familieneigene Gasthöfe, „Skyttegaarden", den Schützenhof in Tondern, im Besitz der vaterseitigen Großeltern Henriksen meines Vaters, und „Gjæstgivergaarden", der Landgasthof in Daugaard bei Vejle in Jütland, den die vaterseitigen Großeltern Sörensen meiner Mutter 1883 mit zugehörender Landwirtschaft erworben hatten. All diese Menschen hatten keine Kochlehren und keine eigentliche Hauswirtschaftslehre durchlaufen, sondern entsprechendes Wissen übernommen oder sich anderweitig angeeignet. Wir werden sie alle zumindest in alten Fotografien und ihren Rezepten im vorliegenden Band kennen lernen.

Einen großen Einfluss, um etwa fehlende Erfahrung oder das Gewusst-wie auszugleichen, hatten ehemals keine Rezeptsammlungen in Zeitungen oder Zeitschriften, keine Kochanweisungen im Internet oder Kochshows im Fernsehen, wohl aber einige kundige Frauen, die ein „Kogebog" verfasst hatten, Kochbücher, die in bürgerlichen Kreisen geradezu evangelienhaft verehrt und genutzt wurden, nämlich „Madam Mangors Kogebog" (1837), „Fru Nimbs Kogebog" (1888) und „Frøken Jensen" (1901), deren Einfluss jenem der Dortmunderin Henriette Davidis (1845) und ihrer Schülerin Ulla Hahn auf die deutsche Familienküche gleicht, und die auch den moderner werdenden technischen Möglichkeiten privater Küchen gerecht wurden. Diese Damen übernahmen stellenweise eine Diktion, die den Anweisungen des Arztes an den Apotheker entsprach, wo das Medikament auch auf „Diktat" entstand, nämlich die Einleitung aller Medizinal-Rezepte: „Recipe", das im Kochbuch übersetzt begegnet als „Man nehme…", „man tager …". Aber sie waren bis auf Frau Nimb (später ein berühmtes Restaurant) keine professionellen Köchinnen, das war traditionell (und meistens bis heute) eine männliche Domäne. Dies waren Frauen mit Lebenserfahrung auf dem Küchensektor. Sie berieten Hausfrauen, ihre Mitschwestern, wie in einem familiären Dialog, in den Rezepten und Haushaltsanweisungen ihrer Bücher jederzeit befragbar.

Wer also ein Kochrezept benutzt, ordnet sein Tun sozusagen einem fremden Willen unter, handelt wie unter magischem Zwang. Und – missglückt das Ganze, folgt die Gewissensentscheidung, wem man die Schuld für die Katastrophe zuweist. Das sollte niemanden hindern, Rezepte zu variieren, abzuwandeln und den typischen Qualitäten der eigenen Küche unterzuordnen. Ach ja – schmecken sollte das Ganze natürlich auch, was bei zufriedenen Gästen in der Frage kulminieren darf: „Må jeg bede om opskriften?" „Darf ich um das Rezept bitten?"

Im Übrigen bildet der vorliegende Band eine Ergänzung oder Fortsetzung meines 2012 (3. Auflage 2020) im Husum Verlag erschienenen „Dänische Spezialitäten – Danske Specialiteter". Der dortige Vorspann enthält eine Einführung in die Kulturgeschichte dänischen Essens und dänischer Zubereitungsweise, und wird auch unserem aktuellen Thema gerecht.

Der vorliegende Band ist eine Rezeptsammlung mit

Kommentaren. Er möchte die Stimmung, Hilfsmittel und Rohstoffe in der alten dänischen Küche vorführen, die gerade diese Gerichte hervorgebracht hat. Er schlägt eine Brücke zu den Menschen, die unter viel einfacheren wirtschaftlichen und technischen Bedingungen diese schönen Gerichte mit Liebe für ihre Nächsten ermöglichten und nun uns Nachfolgende in ihren Kreis einbeziehen. So sind die fertigen Gerichte auch nicht immer in Bildern präsentiert, die gerade bei den Nachtischen unseren Blick verstellen können, den Anspruch von professioneller Küche haben und damit die weniger Mutigen entmutigen, es selbst zu versuchen. Die Rezepte sollen vielmehr die eigene Fantasie auch zu angemessener schöner Präsentation der Desserts in Alltag und Fest befähigen. Jede und jeder soll auf das Eigene stolz sein und nicht eine Optik nachzumachen versuchen, der er und sie vielleicht nicht gerecht werden können. Inhalt und Geschmack müssen stimmen, sie veredeln das Produkt und die Freude der Tischgäste und ihrer Gastgeber.

Und sollte einigen Lesenden die praktische Ausführung nicht liegen, geht es auch in der Weise des berühmten Architekten Prof. Ö., eines Kollegen meines Vaters. Ö. war ein kleiner, drahtiger, ganz magerer Mann, in dem man den Genießer nie vermutet hätte. Aber nach seinem

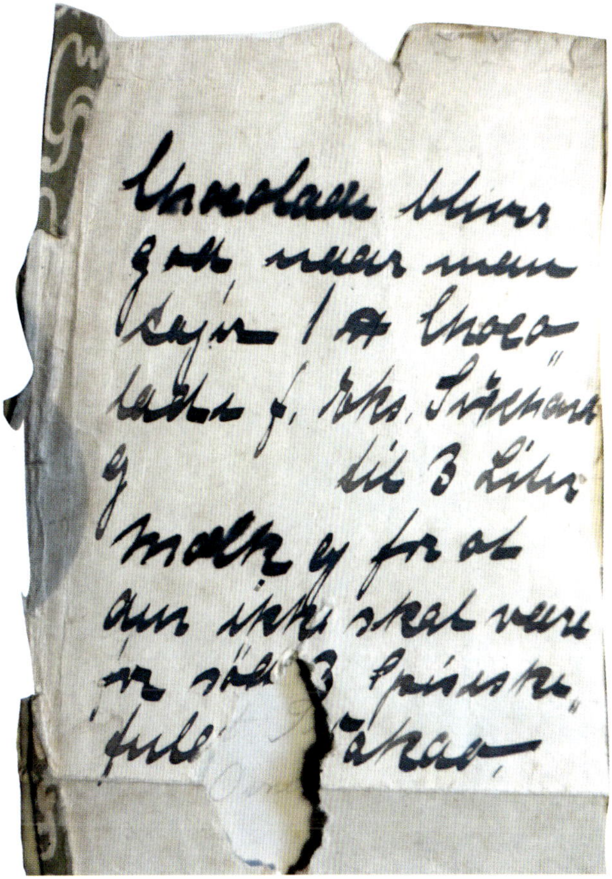

Tod fand mein Vater im Nachlass eine umfangreiche Buchsammlung von Kochbüchern, darunter auch Karl von Rumohrs „Geist der Kochkunst". Ö. hatte es neben den Delikatessen der Altonaer Architektur zum absoluten Gipfel des Genießens gebracht, er kochte nicht wirklich und aß auch das nicht Gekochte nicht, er genoss in der Fantasie der Rezepte. So geht es auch.

Torkild Hinrichsen,
Altona, im Frühjahr 2021

Dänemark kocht, brät, bäckt
Danmark koger, steger, bager

Bis 1900 bot in Dänemark in Häusern und größeren Wohnungen der offene Herd, wie seit dem Mittelalter, die einzige Möglichkeit, warmes Essen herzustellen. Im bäuerlichen Haus hatte dieser oft noch keinen Schornstein als Abzug, der erst zur Verringerung der Brandgefahr von den Feuerversicherungen erzwungen wurde. Ihn löste an gleicher Stelle der gemauerte Herd ab, der unter eiserner Platte das Feuer einkapselte. Hierin befanden sich mehrere Kochlöcher, durch die gleichzeitig mehrere Töpfe mit der Heizquelle in Kontakt kommen konnten, nicht nur einer wie zuvor, als die Eintopfkultur nur Zusammengekochtes wie Grütze und Eintöpfe erlaubte. Die Platte durchbrachen mehrere runde Feuerlöcher, um jeweils einen Topf mit dem Feuer darunter in Kontakt zu bringen. Man war nicht mehr zur Eintopfkultur gezwungen. Nun konnten alle Bestandteile getrennt und dem Rohmaterial gerecht bereitet werden, Kartoffeln, Fleisch, Gemüse und Soße. Die Nachtische freilich und Backwerke entstanden nicht alle so. Sie sind in ihrer Bereitungstechnik erstaunlich konservativ und oft typische Produkte einer uralten Tradition. Vieles, wie süße Soßen, warme flüssige Zubereitungen, Pudding, Grütze, Marmeladen, Säfte und Kompotte, war in Kochtöpfen möglich, bei anderem änderten sich technische Geräte über Jahrhunderte nicht. Auch die gemauerten Herde verfügten oft nicht über eine Backröhre, oder diese war für größere Braten oder Backwerke meist zu klein. Auch die Temperatur ließ sich unzureichend regulieren. Bei großen Kuchen beschränkte man sich daher auf die persönliche Teigbereitung, der Ofen des benachbarten Bäckers erledigte den Rest. Das galt auch für den Gänsebraten. Eine der alten Techniken war das Ausbacken von flüssigen Teigen auf der heißen Pfanne (wie Pandekager, Omelett), in Formpfannen (wie Æbleskiver, Pförtchen) oder im Topf in siedendem Fett (wie Krapfen). Direkt im heißen Eisen entstanden Waffeln und Oblaten. Die typischen dänischen Gerichte spiegeln in ihrer Einfachheit oder Kompliziertheit diese verschiedenen technischen

Stadien wider, die in der modernen Küche wie ehemals „traditionell" ausgeführt werden oder zur Wahrung von beliebter Struktur oder gewohntem Geschmack nunmehr imitiert werden müssen.
Der gemauerte Herd wurde oft zugunsten der eisernen „Kochmaschine" aufgegeben, die in verschiedenen dänischen Eisengießereien hergestellt wurde, z. B. bei Morsø im jütländischen Nykøbing, wo seit 1853 auch typische gusseiserne Küchengeräte, Schmortöpfe und vor allem Stubenöfen entstanden, zuletzt bis 2021 die bekannten kleinen Kaminöfen für die Ferienhäuser. Die gusseisernen Herde waren kleiner als die gemauerten, aber eine teure Anschaffung, die nicht allen Familien möglich war. Ihnen folgten noch kleinere, transportable aus gestanztem, weiß emailliertem Blech, die nun auch brauchbare Backröhren besaßen. Am häufigsten wurde in Dänemark besonders auf dem Lande wohl lange am gemauerten Herd festgehalten, der dann von der folgenden völlig anderen Heiztechnik und Energiequelle überholt wurde.
Das Holzfeuer des Herdes wurde nämlich als Nächstes durch den gasbetriebenen Kochapparat (Kogeapparatet) ersetzt, der seinen Energieträger, Stadtgas, durch Rohre direkt an den Wirkort Küche leitete. Der neue Brennstoff musste nicht mehr aus dem Holzschuppen trepphoch geschleppt, angeheizt und nachgelegt werden. Der gemauerte Herd konnte abgerissen und durch „Gasbordet", den Gastisch, ersetzt werden. Hygienisch und leicht zu säubern war die Tischplatte mit weißen Keramikfliesen belegt. Statt der Feuerkapsel darunter befand sich griffnah ein Topfschrank. Auf der Tischfläche standen die Gasapparate, eiserne Vierbeine mit Topfraste und Brenner. Rückwärtig leitete ein (wie man roch, meist leicht undichter) Gummischlauch den Brennstoff vom Verteilerhahn aus der Wand. Es gab meist Anschlüsse mit je zwei Kochstellen für ver-

schieden große Töpfe. Mit einem Drehknopf ließ sich die Gaszufuhr apparateweise regulieren, Flamme und somit Temperatur sofort wirksam höher oder niedriger stellen. Viele professionelle Küchenmeister arbeiten noch heute so. Elektrische Kochplatten lassen sich, wie die Köche beteuern, weniger spontan und kreativ steuern. Man startete die Flamme mit Aufdrehen des Apparatehahns, was sich durch Zischen und Geruch ankündigte, und zündete mit einem brennenden Streichholz, später mit einem Funken schlagenden „Gastænder", dem Gasanzünder, und mit dem „Plopp", einer dumpfen leichten Explosion, flammte es bläulich-rot auf.

Mitunter hatte sich der Privathaushalt eine teure Ergänzung dieser Ausstattung zusammengespart, ein Gasöfchen (in den Dimensionen heutiger Mikrowellen). Es ermöglichte kleine Brote und Formaufläufe und überbackene Desserts, wichtiger aber, selbst gebackene Kuchen, die allerdings oft zusammenfielen, wenn man zur Kontrolle das kleine fensterlose Türchen öffnete. Meine Großmutter Jenny Sörensen in Nordjütland hatte ein solches Gerät, das aber kaum genutzt wurde und ihr zu viel Arbeitsfläche auf dem gefliesten Gastisch wegnahm,

leider auch die Sonntagsbraten nie so werden ließ wie ihr mächtiger gusseiserner, innen emaillierter Schmortopf, der auch ohne Inhalt kaum zu heben war. Sie muss ihn vom Holzherd ihrer Mutter übernommen haben. In dieser Tradition entstehen im Gusseisernen auch heute in unserem eigenen Haushalt (auf der elektrischen Kochplatte des Herdes) unüberbietbare Braten mit fantastischen Soßengrundlagen. Folglich realisierte mein Großvater das fast neue Utensil. So servierte Großmutter fortan lebenslang, bis in ihr 84. Lebensjahr, wieder die bewährten kalt gerührten oder gekochten und die fettgesottenen oder pfannengebratenen Dessertteige.

Dass die Zubereitung eines sorgsam geplanten und hergestellten Essens oder ein selbst gemachter Nachtisch schnell gehen muss, wäre den Köchinnen der vergangenen Generationen unvorstellbar gewesen. Schwer zu vermitteln auch ein magischer Graus wie die heutigen meist teuren Mirakel-Patentkochtöpfe (wie Thermomix), die selbsttätig zerkleinern, abwiegen, rühren, kochen und braten, alles automatisch und ungesehen unter demselben Deckel, ja sogar aus weiter Ferne mit dem Telefon zu steuern. Meine Großmutter hätte ganz entrüstet jeden Versuch, ihr solch ein Küchenmirakel zu schenken, abgelehnt, als schwere Enttäuschung verstanden und fehlende Anerkennung ihrer ehrlichen Künste. In der Tat, in Automaten solcher Art wird nie eine Essenstradition entstehen können, keine Wertschätzung der Produkte und der zubereitenden Menschen. Der Entfremdungsprozess, weg von der handwerklichen Kochkunst, hat allerdings in Dänemark viel früher begonnen.

Was die Elektrifizierung der Küchen und die kraftsparenden elektrischen Maschinen nicht geschafft hatten, auch der Kühlschrank und Gefrierschrank nicht, der die Vorratshaltung mit ihren typischen Geschmacksnoten revolutionierte, verursachte in den 1960er-Jahren die umfassende Wandlung der familiären Struktur mit der zunehmenden Berufstätigkeit der Frauen, die folglich immer weniger Zeit für einen herkömmlichen Haushalt oder die klassische Hausfrauenrolle hatten und nun mit immer weiteren elektrischen Hilfsmitteln die verloren gegangene Zeit zu kompensieren suchten. Auch hatte die nun „moderne" Kleinfamilie sich von dem gemeinsamen Haushalt mit den Großeltern oder ihrer nahen Nachbarschaft weitgehend gelöst, kleinere Kinder tagsüber in entsprechenden hütenden Institutionen untergebracht. Bald galt es als gesellschaftlicher Makel, sein Kind (wie es hieß) „nicht zu sozialisieren" und zu Hause zu lassen, selbst wenn üppigere Haushaltsmittel nicht unbedingt das Mitverdienen der Mutter und Ehefrau erforderten. Es folgte in den 1980er-Jahren das landesüberflutende Netz von Supermarkt-Discountern wie Netto (seit 1981) oder Aldi (seit 1977), deren oft europaweite Verbreitung nur noch im Konkurrenzkampf von Billigprodukten mündete, die als besondere Angebote für nur wenige Tage noch billiger verkauft wurden und als einmalige Schnäppchen den Erwerb erzwangen. Qualität oder gar Nachhaltigkeit der Erzeugnisse anzupreisen und einen erzeugergerechten Preis für das Höherwertige zu verlangen, hätte nur Kunden vergrault. Selbst die ökologische Welle nutzte in Dänemark ebenso wenig wie in Deutschland einer höheren Qualitätsstufe. Auch mit den entsprechenden Zertifikaten überbietet man einander inzwischen mit noch billigerer Billigkeit, dem nachzukommen nur Agrar-Großbetrieben gelingt, was in Deutschland und zunehmend auch in Dänemark zu immer schnellerem Höfesterben, Landflucht, Verödung der Dörfer, Entvölkerung der vielen kleinen dänischen Inseln und einer Verfälschung der typischen nationalen Produkte geführt hat.

Die dänischen Niederlassungen deutscher Supermarktketten verkaufen mit dänischer Beschriftung in Deutschland hergestellte „dänische" Produkte. So kommen die kaffeebegleitenden Kleingebäcke (Småkager) aus der runden, bebilderten Blechdose mitunter als „dänisches" Gebäck aus deutschen Großbäckereien. Vom Dorfbäcker Anna und Marinus Kjeldsen um 1950 im Dorf Nørre Snede am alten Ochsenweg erfunden, waren sie die professionelle Variante des familieneigenen Kleingebäcks, der „Småkager". Erstmals vertrieben Kjeldsens sie in den bekannten runden Blechdosen, die sich Jahr für Jahr für die eigenen Backprodukte wieder verwenden ließen. Diese wurden ehemals in der Vorweihnachtszeit („Julebag") von der Hausfrau, oft unter Beteiligung der Kinder, mit Ausstechformen gestaltet und warteten, als Jahresvorrat, in Blechdosen unter dem Sofa auf ihren Einsatz (etwa „Klejner" und „Vanilliekrandse"). Auch viele typische dänische Desserts gab es fortan als derartige

Fertigware. Das begann vor 40 Jahren unter anderem mit dem dänischen National-Nachtisch, dem Danebrog-farbenen, rot-weißen „Rødgrød", der kalten roten Fruchtgrütze mit flüssiger Sahne, nunmehr servierfertig im Plastikschlauch (das Kilo für gut 2 Euro) oder für Restaurants portionierbar im 10-Liter-Eimer. Den kalt gerührten, aus Eiern, Sahne und Gelatine gemachten „Fløderand" oder „Karamelrand" gibt es seit 30 Jahren tiefgefroren und die begleitenden Fruchtsoßen aus der Schlauchpackung. Auch den Milchprodukten ging es so, als Arla es schaffte, die neuen staatlichen Hygienebestimmungen erfüllend, die örtlichen dörflichen Meiereien ins Aus zu schießen, was mit dem Buttersektor begann und sich auf alles Übrige ausdehnte. Die neben der Kirche einzigen großen Gebäude der Dörfer, „Mejeriet" mit ihrer schönen Industriearchitektur standen nun leer, bereit für die Umwandlung in Supermärkte oder Werkstätten.

Der Nachschub an Rohstoffen für die klassische dänische Küche

Mit wenigen Ausnahmen, so z. B. Kartoffeln, den meisten Gemüsesorten und Fleisch, lässt sich vieles der dänischen Lebensmittelproduktion in Dessert verwandeln. Die Gemeinsamkeit besteht hauptsächlich in dem süßen Charakter, der dem Produkt selbst eigen sein kann (wie Birnen oder Erdbeeren) oder mittels der traditionellen Konservierungsmethode ohnehin später als Grundlage genutzt werden kann, selbst gemachte Marmeladen oder Gelees, eingelegtes oder getrocknetes Obst. Typisch ist die reichliche Verwendung von Zucker in allen Varianten, fast ausschließlich weißer Rübenzucker, selten Rohrzucker oder Honig. Dann vor allem aber Milchprodukte, hauptsächlich Sahne und Butter. Ist Mehl vonnöten, nimmt man fast ausschließlich Weizenmehl. Die Desserts können kalt gerührt, gekocht, gebraten, frittiert oder gebacken sein. Selbstgemaches Eis wird fast nie hergestellt. In einzelnen Portionen wird im privaten Rahmen fast nie serviert. Vieles ist nämlich mit festlicher Dekoration in schöner geschliffener gläserner Schale, die herumgereicht wird. Daraus tut sich jeder auf seine dazu passende Glas-Assiette auf. Kuchen werden am Tisch aufgeschnitten. Vieles stammte bis jüngst aus eigenem Anbau, in den Kleinstädten und den Landgebieten oft auch Gemüse für den Eigenbedarf. Die Beerenbüsche sind heute meistens als optisch unattraktiv zugunsten

von schönen Blumen verschwunden. Den alten Obstbäumen im Garten der Stadtvilla geht es wie denen in Deutschland, niemand nutzt ihre Äpfel, die selbst herunterfallen und den Zierrasen verunzieren. Vorratshaltung von Obst findet zunehmend nicht mehr statt, geschuldet mangelnder Zeit zur Ernte und Pflege, auch oft aus Gleichgültigkeit oder Bequemlichkeit, fast immer aber aus Zeitmangel, weil man in der Freizeit anderes vorhat. Wer noch eigenes Obst einlagert, wird es nach wiederholten Misserfolgen bald nicht mehr tun, denn die alten Apfelsorten, sei es Boskoop oder Gravensteiner, selbst der Weihnachtsapfel Ingrid Marie, halten sich nicht, wahrscheinlich weil durch den Klimawandel die Balance zwischen Zucker und Obstsäuren sich verändert hat. Auf manchen alten gut gepflegten Bäumen erscheint in manchen Jahren keine einzige Frucht, weil die instabilen Frost- und Frühjahrswetterlagen sowie Pflanzengifte den bestäubenden Insekten den Garaus gemacht haben. In vielen jungen Familien ist auch der Sinn für Selbstgemachtes abhanden gekommen. Das eigene Obst einzumachen, wird mittlerweile von manchen nur als leicht skurriles Hobby betrieben. Viele Großeltern erleben traurig, wie die Enkel die selbst gemachte Marmelade nicht essen, sondern die übliche aus dem Supermarkt verlangen, lieber Burger oder Pizza als Frikadellen und Schweinebraten haben wollen. Das auf dem Produktetikett zu lesende Verfallsdatum wird nicht als Mindesthaltbarkeit verstanden und führt in Dänemark wie Deutschland zu ungeheurer Verschwendung und Vernichtung von Lebensmitteln, was allerdings den Konsum gewaltig beflügelt. Selbst Erzeugtes und daraus Bereitetes hat auch einen weiteren Makel, es zeigt kein gedrucktes Datum. Die Fähigkeit, Lebensmittel selbst auf ihren Zustand zu beurteilen, beherrschen viele Jüngere nicht mehr, ob etwas sauer geworden, gegoren, angefault oder verschimmelt ist, wird nicht mehr erkannt, auch nicht, wie man sein Gekauftes lagert. Die ehemals selbstverständliche Tugend und Kunst, Reste zu verwerten oder gar neue Gerichte daraus zu generieren, ist in Vergessenheit geraten. Es war selbstverständlich, in Leinensäckchen getrocknetes Weiß- und Schwarzbrot bereitzuhalten. Das schwerste Hindernis für selbst bereitetes Essen sind jedoch die Fertigprodukte für jeden Zweck und jeden Anlass, für Alltag und Fest. Jüngst werden allerdings nebst Rezept in den wöchentlichen Produktanzeigen auch alle Bestandteile für ein Gericht als Bastelsatz angeboten, was sich freilich nicht recht bewährt hat, weil das Zusammenmixen des Ganzen ja auch Zeit kostet, die man angeblich nicht zu haben glaubt, ja auch noch gewartet werden muss, bis das Essen gar oder wenigstens warm geworden ist.

Verfügbarkeit der Lebensmittel

Die Verfügbarkeit der nötigen Zutaten war selbst in dem klassischen Agrarland Dänemark nicht immer gleichbleibend. Große politische Umwälzungen haben die Landwirtschaft umstrukturiert, Lebensmittel unterschiedlich gewichtet und das Preisgefüge verändert. Prägend sind in neuerer Zeit die Weltkriege, deren Auswirkungen Dänemark nicht ausließen. Hatte der Erste Weltkrieg bereits Tausende Dänischstämmige aus den zwischenzeitlich preußischen Landesteilen Schleswig und Holstein in die deutschen Truppen gezwungen, folgte nach Kriegsende, durch wirtschaftliche Nebenwirkungen, eine Rationierung von Lebensmitteln, die bis 1921 andauerte. Zuvor hatte Dänemark nämlich als Reaktion auf die billigeren amerikanischen und russischen Getreidepreise seine landwirtschaftliche Produktion auf Erzeugung von Butter und Schweinefleisch umgestellt. Damit und mit Pferden hatte es alle kämpfenden Parteien beliefert. Nach der Deutschen Besetzung des Landes 1940 deckte Dänemark, als damals weltweit modernstes landwirtschaftliches Erzeugersystem, mit seinen nur 4 Mio. Einwohnern schließlich 14 % des Fleischverbrauchs der deutschen Städte und 20 % der Wehrmacht. Gegen Ende des Krieges, als die dänische Widerstandsbewegung wirksam tätig geworden war, folgte im Lande eine Rationierung der Lebensmittel, die bis 1952 anhielt. Es gab Kochrezepte für Improvisationen mit Ersatzstoffen, um klassische Gerichte weiter zu ermöglichen. In heutigen Nachlässen tauchen mitunter nicht mehr verwendete Rationierungsmarken auf.

Änderungsschübe in den Esssitten verursachte seit den 1990er-Jahren die Gesundheits- und Schlankheitswelle, die besonders den klassischen Zubereitungen mit Zucker, Fett und Sahne zu Leibe rückte, besonders den Desserts. Butter als Qualitätsprodukt mit dem Wappen- und Leittier, der Kuh Karoline, und die ersten Fernsehköche, die geradezu in Butter badeten, all das galt nun als verachtenswert und altertümlich (siehe Kasten: Karoline und die Fernsehköche, S. 19). Gesunde Fettmischungen sollten es jetzt sein. Dickmilch und Vollmilch wurden von „Letmelk“ und fettarmem Joghurt vertrieben. Schlagsahne, „Flødeskum“, die Lieblingszutat und Veredelung vieler Desserts, war fortan tabu, und die dörflichen Meiereien starben, als seit 1971 das Milchmonopol abgeschafft wurde und man Milchprodukte nun unter dem Heiligenschein von Arla im Supermarkt kaufen musste. War die Milch zuvor lediglich pasteurisiert und in ihrer molekularen Struktur erhalten, folgte nun die Homogenisierung, die das natürliche Milchprodukt in seine Bestandteile zerlegt, dann neu zusammensetzt und von vielen Menschen nicht recht vertragen wird. Deutlich sichtbar war das ein Unterschied zu der (abgeschafften) dänischen klassischen gläsernen 1-Liter-Milchflasche, die im Halsbereich 10 cm hochgestiegene sattgelbe Sahne enthielt, die sich gut gesondert abgießen ließ.

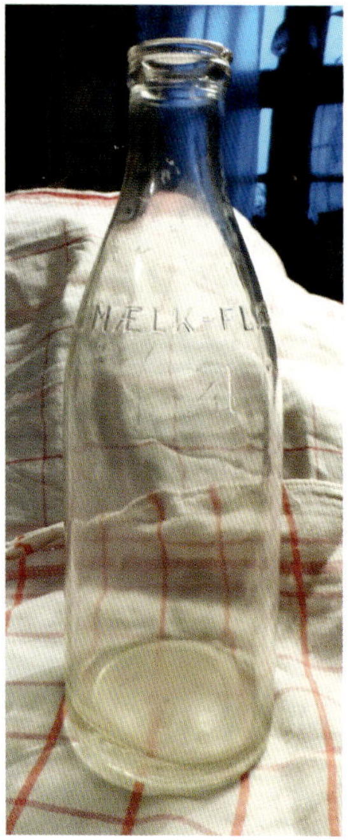

Hinter Arla, einem Markennamen, der seit einiger Zeit auch in allen deutschen Supermärkten im Kühlregal zu finden ist, verbirgt sich eine ungewöhnliche Erfolgsgeschichte des Genossenschaftswesens. Seit den 1880er-Jahren hatten in Dänemark und Schweden Milchbauern genossenschaftliche Meiereien gegründet, um einheitliche Produkte von hoher Qualität rationell nach neuesten Methoden herstellen zu können und den Mitgliedern ordentliche Gewinnausschüttung zu garantieren. Die regionalen Genossenschaften schlossen sich zu nationalen zusammen und die dänische fusionierte mit der schwedischen zu Arla Foods. Nach Anschluss des chinesischen Trockenmilchherstellers Mengniu 2005 und einiger großer deutscher Produzenten bildete sich daraus 2012 die weltweit größte Meierei-Genossenschaft.

Wir sollten auch nicht vergessen, dass die alten Rezepte mit einer Üppigkeit vorgehen, die zu erfüllen längst nicht jedem Haushalt möglich war. So gibt es mitunter hintereinander drei Rezepte für das gleiche Gericht, das also längst nicht immer dasselbe ist und mit einer „tarvelig" (dürftigsten), „nem" (einfachen) und einer Luxusversion daherkommt. Während Sahne relativ billig war, waren es Zucker und Eier erst recht nicht. In vielen Familien war schon das weichgekochte Sonntagsei ein unerhörter Luxus, wie viel mehr Nachtische, die nach 8 und 12 Eiern verlangen. Im bäuerlichen Haushalt musste man entscheiden, ob man ein Ei aß oder lieber ein Küken damit erzielen wollte. Der private Garten, wie der meines Großvaters mit seiner kleinen Hühnerschar, hatte Eier als Natural-Tauschmittel für Geräte und Materialien. Doch schleppte Großvater genügend nach Hause, dass seine Frau schließlich Eier hasste, nur im weihnachtlichen Dessert „Citron Fromage" nicht, das sie der Familie zuliebe grandios bereitete. Und mit Äpfeln ging es nicht viel anders zu. Die lagen nicht wie heute ungepflückt unter dem Baum, sondern waren ein wirklicher Wert. Äpfel klauende Knaben wurden bestraft und das schönste Weihnachtsgeschenk des Paten konnte auch in Dänemark aus einem prächtigen Apfel bestehen, in den Münzen hineingesteckt waren. „Æblegrød" (Apfelgrütze) und „Æblemos" (Apfelmus) sind heutzutage einfache Gerichte, aber durch die kostbaren Äpfel, die Vanille und den teuren Zucker waren sie es ehemals nicht.

Karoline und die Fernsehköche

Als früheste „Fernsehköchin" trat die bekannte Haushaltsberaterin Kirsten Hyttemeier 1948 (!) bei einer Probesendung des Dänischen Fernsehens in Tivoli auf. Es gab dann zwischen1951–1953 nur sechs reguläre Sendungen mit der ausgebildeten Haushaltslehrerin, „to ved et køkkenbord" (zwei an einem Küchentisch). Just in diesen Jahren (nach 1952) wurde in Dänemark die Lebensmittel-Rationierung aufgehoben und man begann, sich auf eine fast vergessene Normalität mit guten Produkten zurückzubesinnen. Leider ging 1957 der englische Import dänischer Butter drastisch zurück. Es entstand ein Butterberg. 1958 versucht der Meiereiverein mit massiver Werbekampagne dem entgegenzuwirken. Dafür zeichnet die Grafikerin Grete Rich (Aarhus) eine karierte Kuh, eine bis heute im Exportmarkt für Meireiprodukte tätige Ikone, deren Erfolg mit einer TV-Veranstaltung im Tivoli startete, als der Staatsminister H. C. Hansen ein lebensgroßes Pappexemplar des rot-weiß karierten Rindes auf die Bühne zog und rief „Kom så Karoline!" (Los, nun komm, Karoline – was der Refrain eines alten dänischen Schlagers war).

Es folgte eine internationale Kampagne, in deren Rahmen junge, weiß gekleidete Däninnen mit Schürze und Kopftuch (in rot-weißen Karos) neben der karierten Papp-Karoline Geschmacksproben von dänischer Butter und dänischem Käse austeilten, auch in deutschen Kaufhäusern. Parallel gab es in Dänemark Rezept-Sammlungen, „Karolines Køkken", die gratis in alle Haushalte verteilt wurden und auch Desserts enthalten. 2003 kauft Arla die Marke dem Meiereiverein ab.

Es gab neben den Mädchen und der Kuh auch zwei Herren, Berufsköche, die seit 1966 im Fernsehen mit Kochsendungen auftraten und dabei für „Karolines Køkken" vor allem für „Lurpak"-Butter Reklame machten: Aksel Larsen und Conrad Bjerre Christensen. Conrad und Aksel waren sehr bekannt und beliebt. Aksel hatte 1933 als Koch der königlichen Jacht „Kongeskibet Dannebrog" angefangen. Bis 1990 war er anschließend Chefkoch des Königlichen Hofes. Er wurde entlassen, weil er als königlicher Bediensteter für seine Butterkampagne Geld genommen hatte: „Brug Smør, det gør vi" (gebrauch Butter, das tun wir). Ein populäres dänisches Spottlied, das gern zu Festen gesungen wird, enthält den Refrain: „Det var ham der gled i smørret" (Es gab den, der in der Butter ausglitt). Aber dass es der TV- und Königliche Leibkoch war, wusste bald niemand mehr.

Einkauf, Mengen, Maße und Zeiten

Weil heute die Vorratshaltung einer Familie eher bescheiden ist, schon wegen geringer Wohnungsgröße und fehlendem kühlem Keller, werden nur in Notzeiten (wie der Corona-Pandemie 2020/21) für längere Zeit Lebensmittel bevorratet. Die Art des üblichen wöchentlichen oder gar täglichen Einkaufs wird von den besonderen Angeboten der Supermärkte diktiert, folglich auch, was es jeweils zu essen gibt. Eine gemeinsame Mahlzeit am Tag ist ohnehin durch unterschiedliche Arbeitszeiten der Partner und den Schulrhythmus der Kinder eher die Ausnahme, ebenso wie im Alltag auch das Dessert ausfallen dürfte. Die klassische Verkaufsweise von Lebensmitteln über den Tresen von „Købmanden", des Kaufmannes an der Ecke, verlangte von der Hausfrau eine Wochenplanung, woraus sich der fehlende, zu kaufende Bedarf ergab, der dann gezielt abgewogen, eingetütet und nach Hause gebracht wurde oder geliefert werden konnte. Die Bevorratung der großen Mengen hatte der Kaufmann übernommen und er portionierte den Bedarf. Wie in vielen Familien üblich, hatte meine Großmutter ihren verlässlichen Kaufmann fast gegenüber ihrer Wohnung. Da kaum jemand ein Telefon hatte, schrieb sie für die wöchentliche Ration auf einen Zettel, der von der Fußmatte der Hintertür des Mietshauses vom Botenjungen (Bydrengen) regelmäßig abgeholt wurde, der auch das Verlangte transportierte und ihr hinstellte. Der Betrag wurde im Rechnungsbuch des Købmand „angeschrieben" und einmal im Monat in bar persönlich im Laden bezahlt. Das funktionierte lebenslang, von ihrer Heirat bis zu ihrem Tod im 84. Lebensjahr. In einen der seit den 1960er-Jahren auch in der dänischen Provinz häufigeren Supermärkte zu gehen, wäre ihr nie in den Sinn gekommen. Für Gemüse und Obst hätte sie nur einen kurzen Weg gehabt, das quoll in unmittelbarer Nachbarschaft aus einem winzigen muffigen Kellergeschäft in einigen Kisten bis auf den Bürgersteig, alles, wie sie mir zeigte, von etwas schlapper, überlagerter Qualität, nicht so wie Grünzeug, Beeren und Obst aus dem Garten ihres Mannes. Was andere Lebensmittelgeschäfte anbelangte, musste sie nur zu „Ostelarsen", dem Laden des Käsemannes, wo Geschmacksproben der gewünschten oder noch nicht gewünschten Sorte auf der Messerspitze über den Glastresen gereicht wurden und man den Käse (wegen intensiver Düfte) auf Wunsch auch ohne Aufpreis gern ins Haus lieferte. Gekauft wurden meist zwei Sorten, jeweils ein Pfund. Den Schlachter (Edvard Munk) suchte sie jeden dritten Tag auf. Auch dies Geschäft lag schräg gegenüber. Hier konnte man das Fleisch im gläsernen Tresen besichtigen. Größere Teile wie Speckseiten, halbe Schweine und ganze rohe Schinken hingen vor der gefliesten Hinterwand herunter. Der Schlachtermeister, seine gediegene Frau und drei eindrucksvolle angestellte Damen quollen rotköpfig, wie Qualitätsbeweise der eigenen Produkte, aus ihren blütenweißen Kitteln geradezu heraus. Auf Anfrage gab es Ratschläge für Bereitungsweisen. Über fehlerhafte Qualität beschwerte man sich öffentlich fast nie.

Der Nachschub an Fisch funktionierte anders. Da gab es drei Möglichkeiten. Direkt vom Kutter im Fischereihafen, was nur als Ferienattraktion für die Enkel durchgeführt wurde. Nur selten im „Fiskehuset", der genossenschaftlichen Verkaufsstelle der Kutterfischer, aber fast immer bei „Fiskemanden", dem Fischmann. Zwei Mal wöchentlich erschien er mit hölzerner Karre, dem „Trækvogn", „Fiskevogn", in der Hauptstraße und hielt genau unter dem Eckfenster der großmütterlichen Wohnung. Seine „Schottsche Karre" war weiß gestrichen mit einem flachen, kastenartigen Aufsatz. Dort lagerten unter zwei Klappdeckeln auf geschrotenem Eis die frischen Fische aus dem täglichen Kutterfang. Die Hausfrauen suchten aus, der Fischmann wog die Fische am „Bismervægten", der Besemer Schnellwaage, und schlachtete

sie dann gleich an Ort und Stelle auf dem heruntergeklappten hölzernen Deckel des Kastens. Bei Schollen wurde sogar die Haut von beiden Seiten sauber abgezogen.

Auch die Milch und andere Meierei-Produkte, die man für vielerlei Nachtische brauchte, kamen mit weißem, hölzernem Wagen. Diesen quaderförmigen Kasten auf rumpelnden Holzrädern zog ein Pferdchen. „Mælkemanden", der Milchmann, war auch Kutscher, der beim Gang durch die Stadt allerdings nicht auf dem Bock saß, sondern in weißer Jacke nebenher ging. Aber das war nun am Vormittag schon seine zweite Tagestour. Die erste, in der Morgendämmerung, belieferte die Bestellkunden, und das waren die meisten. Am hinteren Ende des Wagens gab es, unter den schrankartig zu öffnenden Türen zum gekühlten Tagesvorrat, ein Sitzbrett für „Mælkedrengen", den Milchjungen, der von Tür zu Tür, in den Mietshäusern auch treppauf und -ab flitzte, die leeren Flaschen des Vortages an den Türen einsammelte und den handgeschriebenen Bestellzettel für Sonderwünsche nach unten zum Meister brachte. Der Verkauf loser Milch in mitgebrachte Gefäße war seit 1949 amtlich verboten. Seitdem gab es die typische dänische Flasche mit 1 l Inhalt. Milch- und Sahneeis gab es allerdings nicht aus dem Wagen, sondern nur in dem kleinen Ladengeschäft der nahen Meierei, die, am Eingang der Stadt, ebenfalls an der Hauptstraße lag. Man musste allerdings vorbestellen und brachte beim Abholen die eigene Porzellanschüssel mit.

Meine Großmutter besaß zeitlebens keinen Kühlschrank. Sie „stellte kalt" im offenen Nordfenster oder im Treppenhaus vor ihrer Hintertür. Sollte im Sommer die Milch einmal sauer geworden sein, ließ auch die sich nutzen. Aber das kalte Fenster war auch Bedingung für die sahneträchtigen, mit Gelatine gefestigten Desserts wie „Fromage" und „Karamelrand", die ohne Kühlschock nicht steif wurden und sich auch nicht stürzen ließen.

Mengen, Maße und Gewichte

Anweisungen an die junge Hausfrau, wie sie einigen Kochbüchern als Hilfe für die nötige Ausstattung vorangestellt sind, meinen, die Küche käme ohne ordentliche Waagen nicht aus. Die Praxis lehrt jedoch, dass einfachste Modelle es auch tun und man im Allgemeinen mit Hohlmaßen für Flüssigkeiten und verschiedenem Schüttgut bestens auskommt. Beliebt war in der privaten Küche, wie bei vielen mobilen Händlern oder Marktständen bis jüngst verwendet, „Bismervægten", die Besemer Waage, die, seit die Römer sie erfunden haben, nach dem Prinzip einer Wippe arbeitet. Ihre Verkleinerung war der Wiegelöffel, die Feinwaage für kleinste Mengen, wo das Schnellwaagen-Prinzip auf Löffelgröße reduziert ist (und die es jüngst in einer elektronischen Variante gibt). Meist kommt man bis heute mit Messbechern aus, deren verschiedene Skalen für Flüssigkeiten, z. B. Wasser oder Milch, geeicht sind sowie in Kubikzentimetern wie auch in Dezilitern und Litern jeweils Maße für Zucker, Mehl usw. angeben. Bei kleineren Mengen geht man jedoch anders vor. Da gibt es die „Handvoll", in der geschlossenen Faust (z. B. für Zucker), die „Prise" für Salz, Gewürze und Kräuter, nämlich die Menge, die zwischen Daumen und Zeigefinger sich einklemmen lässt. Kleinste Zutaten, etwa gemahlene scharfe Gewürze, portioniert man als „eine Messerspitze". Bewährt ist auch die Tasse, womit eine Kaffeetasse gemeint ist. Man sollte allerdings immer dieselbe verwenden, deren Inhalt man einmal im Messbecher überprüft hat, wobei grob und fein Gekörntes natürlich unterschiedlich wiegt. Bewährt waren schon immer der Esslöffel und der Teelöffel voll, womit das gestrichene, nicht gehäufte Maß gemeint ist und drei Teelöffel einen Esslöffel ergeben.

Die blaue dänische Küche

Die alte dänische Küche war blau gehalten. Man spricht bis heute geradezu von „Køkkenblåt“, einem milchigen hellen Ultramarin-Küchenblau, ein Klang, der über viele Generationen dominiert hat und erst durch Resopal und später Ikeas Kiefernmode verdrängt wurde. Alle Holzteile der Küche waren in dieser Farbe gestrichen, ebenso (bis auf die Herdwand) die untere Zone der Wände, die darüber geweißt waren wie die Decke. Diese Färbung wurde als „Fliegen abwehrend“ begründet. Manchen Speisekammerwänden war in der Tat diesem Wandanstrich eine Dosis Arsenik beigegeben und wirkte entsprechend. Sonst verband sich wohl ein Aberglaube damit, ein ähnlicher Effekt, wie ihn das „Bläuepulver“, „Blånelse“ auch im Wäsche-Waschwasser bewirkte und als optische Täuschung den Gilb aus den Leinenfasern trieb, also wirkte wie die heutigen chemischen Aufheller im Waschpulver.

Aber darauf beschränkte sich das „Køkkenblåt“ nicht. Auch die meisten Gefäße, Siebe, Reiben, Trichter, Salz- und Zuckergefäße, Seifendose, Auflaufformen, Backformen, Petroleumlampe, Seifenschale und Messbecher: alles in demselben Blau, das der Kopenhagener Firma G & M, Glud og Marstrand, geschuldet war, mit ihren außen blau, innen weiß emaillierten Blechgefäßen. Auch die berühmte dänische Kaffeekanne kam aus ihrer Fabrik

und heißt bis heute „Madam Blå", Frau Blau.
Ihre Kopenhagener Fabrik hatten der Klempner Paul Glud und der Eisenwarenhändler Troels Marstrand 1879 gegründet. Innerhalb weniger Jahre hatte diese hygienische, leicht zu pflegende Innovation alle Küchen ergriffen und die bisherige Ausstattung mit den irdenen Kochgefäßen, Formen und Vorratsbehältern der einheimischen Töpfereien verdrängt, eine Entwicklung, die auch in Deutschland mit seinem entsprechenden emaillierten, meist grau gesprenkelten oder weißen Blechgeschirr beobachtet werden kann.
Maschinen gab es in bescheidenem Rahmen in den Küchen auch. Vor allem „Køkkenmaskinen", den eisernen Fleischwolf, der eine wirkliche Arbeitserleichterung bedeutete. Im Inneren trieb eine Archimedische Schraube mit Kurbelkraft z. B. Gemüse wie Grünkohl und Obst oder Fleisch hindurch und gegen ein rotierendes Messer mit vier Klingen, dann weiter durch ein Siebgitter. So konnte man z. B. Fleischhack herstellen, für Frikadellen und Klopse, feiner und gründlicher als das Hackmesser auf dem Brett. Mit aufgesetztem Wursthorn ließen sich Würste stopfen. Verschiedene Profil- und Formgitter ermöglichten es, Kuchenteig als langen profilierten Teigstrang zu formen, den man nur noch portionieren musste (z. B. für das Kleingebäck Vanilliekrandse). Fruchtmus jeder Art war Grundlage etwa kaltgerührter Marmeladen oder Desserts und für vieles mehr.
Der zweite wichtige Apparat der dänischen Küche war „Brødmaskinen" (J. DIEHL. PATENT), die Brotschneidemaschine, zum Absäbeln von Scheiben des kompakt gebackenen, sehr festen „Rugbrød", des Roggen-Schwarzbrotes, eines der klassischen dänischen Grundnahrungsmittel, das im Laufe des 20. Jh. zugunsten heller Weizenbrote zunächst in Vergessenheit geraten und lange nur als „Sønderjysk Rugbrød" (in Struktur und Zusammensetzung deutscher Vollkornbrote) in wenigen Geschäften zu haben war. Für die klassische Brotsuppe „Øllebrød" war es unerlässlich, getrocknet eine Grundlage der Resteküche (siehe: Øllebrød, Æblekage, Trifli).

Unverzichtbar für die alten Bereitungstechniken war eine gute glasierte irdene Rührschüssel, die zur Grundausstattung der Braut gehörte, so dickwandig, schwer und stabil, dass sie ein Leben lang hielt. Mit großem hölzernen Löffel rührte meine Großmutter darin durch 65 eigene Küchenjahre ungezählte Teige, Grützen und Desserts aller Art, aber auch Fleischiges mit Ei, Mehl und allen Gewürzen für Aufläufe, Pasteten, Frikadellen, Suppeneinlagen. Danach diente sie 25 Jahre lang meiner Mutter in Altona, die allerdings lieber elektrische Rührmaschine und Plastikschüsseln verwendete. Außer zu Weihnachten, wenn der Nachtisch, immer die „Citron Fromage" (s. d.), von meiner aus Nordjütland anreisenden Großmutter wieder im Originalgefäß entstand. Seit 30 Jahren arbeiten meine Frau und ich in Kirchwerder auch damit, aber nur zu festlichen Anlässen, ein heiliger Küchengral, in dem es immer gelingt, wenn man Großmutters Anweisungen im Ohr hat und es sinnig angehen lässt.

Der Süße märchenhafte Wandlung

Dessert! Sødmens eventyrlige Forvandling

Desserts wie wir sie seit dem 19. Jh. kennen, beziehen ihre Süße aus Zucker. An fürstlichen Tafeln oder solchen des reichen Bürgertums, das ihnen nacheiferte, waren süße Speisen schon im Mittelalter durchaus geschätzt, auch in vielen Fleisch- und Fischgerichten, Zeichen der repräsentativen Üppigkeit. Allerdings war Honig in den Zeiten vor Rohr- und Rübenzucker das einzige Süßungsmittel. Den Rohrzucker hatte der Adel auf den Kreuzzügen im Kontakt mit der arabischen Kultur kennengelernt, ebenso wie exotische Gewürze. Reichliche Nutzung solcher importierter Kostbarkeiten prägte bereits im hohen Mittelalter die fürstlichen Küchen. Zunächst kam Rohrzucker nur durch den venezianischen Fernhandel in den Norden. Aber die europäische Küche der adligen und kirchlichen Oberschicht schlägt erst diese Richtung ein, als es gelingt, auf Sizilien und Madeira Zuckerrohr anzubauen und entsprechende Kulturen in Westindien anzulegen, woran sich seit 1684 auch Dänemark als Kolonialmacht beteiligt. Man nutzte ihn freilich mehr als Prestigeobjekt, indem man die honiggesüßten Speisen äußerlich tarnte und mit Rohrzucker bestreute.

Zucker, sei es aus Rohr oder später Rübe, wird erst im letzten Viertel des 19. Jh. für Bürger und Bauern erschwinglich. Auch süßes Backwerk gab es nur zu festlichen Anlässen. Einen Schub erhalten Produktion und Verbrauch von Rohrzucker durch die dänischen Kolonien auf den Westindischen Inseln, St. Croix, St. Thomas und St. Jan, erschuftet von afrikanischen Sklavenarbeitern. 1750 gibt es in Deutschland bereits 365 Zucker-Raffinerien, 1807 sind es 428. Der innovative Freihafen Altonas ermöglichte Dänemark die Einfuhr großer Mengen von Rohrzuckermelasse, die in den Kopenhagener Siedereien veredelt wurden. Die Zuckermelasse war auch Grundstoff für die Rumbrennerei, wie sie in zahlreichen Unternehmen in Flensburg entstand. 1790 werden in Europa 780 000 Doppelzentner Rohrzucker verbraucht, hauptsächlich aus den französischen, englischen und holländischen Kolonien, davon 130 000 aus den dänischen. In weiten Kreisen galt nun die Geschmacksrichtung „süß" als

vornehm und ging einher mit den modernen Getränken Kaffee, Tee und Kakao, allesamt gezuckert und mit süßem Gebäck gereicht, auch zur Nachmittagsvisite, dem Nachmittagskaffee oder als letzter Gang eines festlichen Essens, das allerdings erst durch die billigere Variante des Süßens, den Rübenzucker, für Bürger und Bauer erschwinglich wurde, als er schließlich in der 2. Hälfte des 19. Jh. den Markt beherrscht. Da entsteht endlich auch Rødgrød, die rote Grütze, als festlicher Nachtisch für Bürger und Bauer.

Die Effizienz der ersten Zuckerrüben-Produktion seit den Anfängen unter Friedrich dem Großen steigerte sich durch Napoleons Kontinentalsperre und die folgende englische Blockade, die den Zuckerpreis auf das Dreifache erhöht hatten. 1813 gibt es in Deutschland bereits 200 Rübenzuckerfabriken. Ein Abfallprodukt des Herstellungsprozesses ist Sirup (Rübenkraut), der nicht kristallisiert, aber noch süß ist und im 19. Jh. in den Städten eines der Hauptnahrungsmittel der ärmeren Bevölkerung wird.

1872 gründete der „Financier" (ein „Investor"), C. F. Tietgen die „A/S De Danske Sukkerfabriker" mit eigener Raffinerie in Kopenhagen für importierten Rübensaft. Auf eigenen dänischen Anbau setzten die Gebrüder Frederiksen. 1873 entstand die erste dänische Fabrik in Holeby auf der Insel Lolland, wo die Böden sich für Zuckerrübenkulturen besonders eignen. Dennoch zeigten sich die Bauern zunächst mäßig interessiert, bis die Erträge bald die für Getreide übertrafen.

Je Hektar erntete man 1908/09 in Dänemark 30 000 bis 50 000 kg Zucker-Rüben, woraus sich 5000 bis 9000 kg Zucker gewinnen ließ. Es gab 9 Fabriken, wenige im Vergleich zu Deutschland mit 357 Fabriken, Frankreich mit 251, Russland mit 275. Die dänische Produktion steigerte sich von 30,8 Mio. kg (1895) auf 159 Mio. kg (1914).

Schon in den 1960er-Jahren deckte die dänische Zuckerproduktion 90 % des Eigenverbrauchs.

In vielen europäischen Ländern gibt es eine „Zuckersteuer", zuerst 1837 in Frankreich und seit 1850, dem Anfang eigenen Zuckerrübenanbaues, auch in Dänemark. Sie umfasst auch alle gezuckerten Produkte sowie Süßgetränke. In Dänemark begründete man sie in neuerer Zeit als Abschreckung vor gesundheitlichen Risiken des Verzehrs. Zusammen mit der Mehrwertsteuer (MOMS) war Zucker in Dänemark drastisch teurer als in Deutschland, sodass der Import über die Grenze sich bis in jüngste Zeit lohnte und Zucker neben Spirituosen ein beliebtes Mitbringsel der deutschen Touristen war. Dänemarks Vorliebe für das Süße und die entsprechenden Desserts spiegelt sich dramatisch im Pro-Kopf-Verbrauch, dem höchsten in Europa. Trotz Zuckersteuer ist der jährliche Zuwachs an Süßebedürfnis enorm. 1971 betrug es in Deutschland 34 kg, in Dänemark hingegen 54 kg pro Kopf und Jahr. 1870 hatte es nur 12 kg betragen, 1911 bereits 38,4 kg.

Erst in unserer Zeit hat man in der Gesundheitswelle angefangen, an der Zuckersüße herumzumäkeln, ja sie schädlich zu nennen, als Dickmacher, Krebserreger, Zahnzerstörer zu stigmatisieren und Ersatzmittel anzubieten, Saccharin, Kaffesüßer, Stevia und derlei mehr, oder einfacher einen heroischen Konsumverzicht zu verlangen. In Deutschland hatte bereits Mitte der 1970er-Jahre die deutsche Zuckerindustrie ziemlich erfolglos gegen die Anti-Zucker-Kampagne der kassenärztlichen Vereinigung geklagt. In diesem Wechselbad bewegten sich auch die süßen Desserts.

Rezepte

Opskrifter

Ananas im Schokomantel
Ananas i Chokolade-Kåbe

Ananas ist in Dänemark durchaus kultiviert worden, wenngleich es heutzutage mit der preisgünstigen Dosenware oder frischen Früchten die Mühe nicht recht lohnt. Lange war Ananas hochpreisige Luxusware, nicht überall und jederzeit erhältlich, sondern je nach Erntezeit der Ursprungsländer ähnlich wie Apfelsinen ein seltenes Saisonereignis. Im 18. und 19. Jh. war Ananas in Pflanzkübeln der Stolz der Hofgärtner des Adels, im beheizten Glashaus der Orangerie überwinternd und im Sommer als Zierrat in den Schlossgarten gestellt. Im königlichen Schloss Rosenborg wurde in der Orangerie Ananas in größerem Maßstab noch Ende des 19. Jh. auch vermehrt angebaut. Die Früchte wurden teilweise auch in den Handel gebracht.

1 Dose Ananas in Scheiben (in Zuckerlake eingemacht) oder 1 frische Ananas; 250 g gute Block- oder Überzugschokolade; 2 dl Schlagsahne; ca. 50 helle Schokoknöpfchen zur Dekoration; Pergamentpapier, Margarine; eventuell: 2 Tassen Vanillesoße oder Soßenpulver für Milch, eventuell auch die fertige dänische, in Vejle hergestellte Ursi Dessert-Sauce von Scandic Food AS/S, die es in vielen deutschen Supermärkten gibt

Die (ca. 10) Scheiben im Sieb abtropfen lassen; auf Küchenpapier legen und trocken tupfen. Ein kleines Töpfchen mit der Schokolade in einem größeren Kochtopf mit kochendem Wasserbad erhitzen, bis sie schmilzt. Die Scheiben mit zwei Gabeln einzeln eintauchen, herausnehmen und auf Pergamentpapier trocknen lassen (das zuvor dünn mit Margarine eingefettet wurde); einzeln in gläserne Portionsschälchen legen. Die Knöpfchen rundum auf den Scheiben verteilen. Mit geschlagener Sahne (aus der Spritztüte) in Röschen verzieren. Möglich, aber nicht notwendig, ist eine dünne Umrahmung mit Vanillesoße. Dieser einfache Nachtisch ist schnell (aus vorhandenem Vorrat) zu verwirklichen und eignet sich gut für Kindergeburtstage oder überraschenden, lieben Besuch, den man in der Küche mitmachen lässt.

Ananas eignet sich vortrefflich zur Kompensation reichlicher, fetter Mahlzeiten. Der Saft enthält das Enzym Bromelain, das auch Präparaten gegen Magenbeschwerden zugesetzt wird, weil es eine gestörte Eiweißverdauung ausgleicht, gleichzeitg wirken die Fruchtsäuren günstig bei fetten Speisen.

Aprikosen-Soufflé
Abrikos Sufflé

250 g frische Aprikosen (keine aus der Dose); 5 große Eier; 125 g Zucker; $^{1}/_{4}$ l Schlagsahne; Salatöl oder Margarine zum Einfetten

Früchte abwaschen und dann im Kochtopf 24 Std. „einweichen". Dabei die Früchte knapp mit Wasser bedeckt. Anschließend weichkochen (ohne Wasserwechsel). Durch ein Sieb rühren (Schalen und Steine bleiben zurück). Eier trennen, das Eiweiß steif schlagen, den Zucker zugeben und weiter steif schlagen. Vorsichtig jetzt die Fruchtmasse schonend unterheben. In eine „vorzeigbare" feuerfeste Form aus Ton oder (Jenaer) Glas einfüllen, die zuvor mit Salatöl oder Margarine eingefettet wurde. Im (vorgeheizten) Herd bei mäßiger Hitze (170 °C) ausbacken.

In der Form servieren. Die Sahne schlagen und in schöner Glasschale dazu reichen.

Bei überschaubarer Mühe ein nicht alltäglicher Nachtisch, oft sogar aus dem eigenen Garten. Aprikosen-Bäumchen werden auch in Dänemark seit Generationen privat angebaut und gedeihen in fetter Erde und geschützter Lage (ohne Wind). Meistens erzieht man sie wie Pfirsiche als Spalierobst an der warmen Außenmauer des Hauses. Mitunter sind es aber auch stattliche Bäume mit großen Mengen ziemlich kleiner, oft dunkelroter Früchte, auch frisch sehr aromatisch zum Verzehr. Sie lassen sich auch sehr gut einmachen, z. B. als Mus gekocht, wie oben beschrieben, oder als ganze Früchte in leichtem süßsaurem Zucker-Wasser-Essig-Sud. Mühe macht dabei das Enthäuten (nach Abbrühen) und Entsteinen. Im Übrigen ist Aprikosenmarmelade eine Delikatesse und guter Bestandteil vieler Desserts oder Kuchenfüllungen.

Apfelmus
Æble Mos

6 große saure Äpfel (wie Boskop). $^1/_2$ Tasse Zucker, 1 gestr. TL Vanillin (heutzutage besser Vanille-Zucker oder $^1/_2$ Stange ausgekratzte echte Vanille), Schalenabrieb von $^1/_2$ (Bio-)Zitrone, 1 gestr. TL Zimt, evtl. 1 Prise Kardamon, gemahlen, Messerspitze Butter, 2 Tassen Wasser. $^1/_2$ l Sahne oder Milch oder Vanillecremesoße (Ursi aus Vejle), evtl. Johannisbeergelee

Äpfel schälen, rund um das Kerngehäuse Fruchtfleisch in Stücken abschneiden. Im Topf etwas vom Zucker karamellisieren lassen, Messerspitze Butter dazu, aufschäumen lassen. Äpfel hineintun, im Karamell wenden. Sofort 1 Tasse Wasser dazugießen, umrühren. Rest des Zuckers und Zimt in die Flüssigkeit, 5 Min. kochen, nach 4 Minuten mit dem Kartoffelstampfer Äpfel bearbeiten, Zitronenschale dazu; kochen lassen bei gelegentlichem Umrühren. Abschmecken. Es sollte lieber zu sauer als zu süß ausfallen. Mit dem Zuckerstreuer kann jeder Tischgast seine Portion nach Geschmack gestalten.

Es wird traditionell eine Kanne mit fetter Milch oder Sahne dazugestellt, oder Vanillesoße (die man nicht unbedingt selbst bereiten muss oder einfach aus einem Puddingpulver verwirklicht). Eine festliche Note bringt ein mittig gesetzter Kleks Johannisbeergelee in jeder Portion.

Es ist dies nicht die etwas aufwendigere legierte „Æblegrød", die Apfelgrütze.

Apfelgrütze
Æble Grød

Feine Apfelgrütze für 12 Personen:
$^1/_2$ Pfund Äpfel je Person, das sind ca. 24 mittelgroße, saftige Früchte. 1 Stange Vanille in Stücken (besser ausgekratzte Stange), $1^1/_2$ Pfd. Zucker. Eventuell 2 TL Kartoffelmehl oder 1 TL Pulver-Gelatine. Als Füllung: Brombeermarmelade, Preiselbeerkompott oder rohe Himbeeren

Äpfel schälen; ohne Gehäuse in Stücke schneiden. Im Topf Butter schmelzen, Apfelstücke mit 2 TL Wasser und Vanille hineingeben. Kochen, aber Stücke noch sichtbar sein lassen. Den Zucker zugeben, umrühren und alles aufkochen (wenn man Glück hat, geliert die Masse beim Abkühlen). Wir geben vorsichtshalber in Wasser eingeweichte Gelatine hinzu oder legieren die Masse mit dem in kaltem Wasser aufgerührten Kartoffelmehl. Randform mit Wasser innen netzen und mit Zucker ausstreuen. Masse hineingeben. Erkalten und gerinnen lassen. Auf Servierplatte stürzen. Das Innere des Rundwalls füllen mit Brombeermarmelade, dem Kompott oder rohen Beeren. Dazu wird dicke, ungeschlagene Sahne gereicht.
Man kann auch ohne die Gelierversuche alles weniger festlich in eine Glasschale füllen.
(Nach den Anweisungen bei Constantin, 1902, Nr. 550)
In den alten Rezepten wird Vanille fast immer „in Stücken" verwendet, was kochtechnisch eigentlich keinen Sinn macht. Heute hälftelt man die Stange, kratzt die Körner aus, kocht beides mit und fischt danach die Schalen wieder heraus. Ehemals aber galt es, gerade die kostbare Vanille, mit der man den Tischgast ehrte, sichtbar zu machen. Die „Stückchen" verblieben in der Fruchtmasse. Jeder löffelte sie mit, saugte sie jeweils als Delikatesse aus und legte die Schalenstücke auf den Tellerrand.

Apfelgrütze mit Bismarck

In „Daugaard Gjæstgivergaard" am Vejle Fjord servierte die Prinzipalin, „Madam Sørensen", meine Urgroßmutter, Æble Grød als universellen Nachtisch. Dass jemand solches nicht hätte essen mögen, das gab es bei ihr nicht. Und wenn jemand das Menü des Tages bestellte, gehörte es meistens dazu, es sei denn, der eigene Vorrat an eingelagerten Äpfeln war versiegt, aber auch das war kein Problem, außer dass dafür leider der eingemachte Vorrat aus den großen irdenen Kruken herhalten musste. Äpfel genug für beides lieferten die eigenen Obstbäume im Hintergarten zur Feldseite, wo ihr Mann, Ole Sørensen, sich mit zwei kleinen gelben Norweger-Pferden abmühte, dem steinigen Moränenboden etwas Nützliches abzugewinnen. Ohne den Gasthof wären sie übel dran gewesen, zumal der vermietete Kaufmannsladen zwar Mieteinnahmen brachte, aber manchmal kamen auch die etwas verzögert, wenn allgemeine Missernten die Kaufkraft der Dorfbewohner geschwächt hatten. Aber es gab ja nun die Eisenbahn von Süd nach Nord und umgekehrt und die lieferte hungrige, kapitalstarke Vertreter frei Haus, die ihre Musterkoffer und Katalogbücher zur Mittagspause in die Gaststube schleppten oder, besser noch, den Zug verpasst hatten und nun stundenlang warten und viel essen konnten. Stets wurde alles frisch bereitet, wohl auch die Apfelgrütze, aber man musste lange ausharren und zum Warten gab es Schnaps, der nicht bezahlt werden musste, weil er noch billig war, bis der Staat eine Alkoholsteuer einführte und die Kaffeepreise sanken. Teilweise musste man noch länger warten, wenn man nicht das Gericht des Tages, sondern außer der Reihe ein gebratenes Hühnchen mit allem Zubehör bestellt hatte. Solches musste erst eingefangen, geschlachtet, gerupft, ausgenommen und natürlich gebraten werden, alles unter zwei Stunden nicht zu bewerkstelligen. Währenddessen gab es Hunde-Kunststücke zur Unterhaltung. Die mächtige dänische Dogge Bismarck lockte sogar machen Gast an, der eigentlich gar nicht essen wollte, aber die fleischernen Leckerlis, Bismarck milde zu stimmen, musste man bei der Wirtin erst kaufen. Der Höhepunkt seiner Darbietung war erst nach dem dritten Teller Fleischbrocken zu erwarten, die ihm einzeln zugeworfen werden mussten. Ordentliche Würfe wurden dank des Schnapses immer schwieriger. Aber Bismarck musste unbedingt überwunden werden und jedem dänischen Befehl folgen. Es winkte am Ende der Warterei ja die berühmte Apfelgrütze, die Bismarck nicht anrührte, weil er diesen Matsch nicht ausstehen konnte.

Tante Christines Æbleskiver

Unsere Tante Christine Clausen in Vejle war die Nichte meines Großvaters, Tochter einer seiner zahlreichen Brüder. Sie hatte Jahrzehnte als Gehilfin eines Rechtsanwaltes gearbeitet, später aber hauptsächlich ihre alten Eltern umsorgt, wohl daher nie geheiratet und schließlich deren Haus geerbt. Vom Vorgarten hatte man einen wunderbaren Blick auf die Stadt darunter und weit hinaus über den Vejle Fjord. Über dem Haus, das wie an den Moränenhang geklebt ist, thront die weißgestrichene Mühle, die wiederum von unten, aus der Stadt, kilometerweit zu sehen ist. Bei Christine war in den 1950er- und 1960er-Jahren unser Zwischenhalt auf der Fahrt nach Nordjütland zu den Großeltern. In den Zeiten vor der Autobahn tuckerten wir im gebrauchten VW Käfer mühsam durch die Herzogtümer, durch viele Dörfer und hatten schließlich den Nordostseekanal überwunden. Die Tour war weniger ein Transport als eine Erlebnisreise mit vielen Sehenswürdigkeiten. Christine aber war einer der Höhepunkte. Kaum hatten wir ihre Schwelle überschritten, goss sie schon Teig in die vorgeheizte Eisenpfanne und unterhielt uns durch die offene Küchentür mit den neuesten Ereignissen der weitläufigeren ferneren Familie. Im Herdofen wartete, warm gehalten, bereits eine weitere große Portion fertig gebackener Æbleskiver, denn nie konnte wir genau sagen, wann wir denn nun eintreffen würden.

Christine erscheint in meiner Erinnerung immer in weißer Schürze, umwölkt von einer Aura kernseifiger Sauberkeit, mit weißen, zum strammen Dutt gebundenen Haaren und einem schönen unterschwelligen Duft von Zimt und Kardamom. Natürlich war in der Guten Stube ihr ovaler Mahagoni-Tisch mit feinem Leinen gedeckt, Danebrog, Blumen, königlichen Porzellantellern und richtigen Stoffservietten in strahlend geputzten silbernen Ringen. Trotzdem durften mein Bruder und ich die Æbleskiver mit der Hand essen und sie nach jedem Biss in den reichlichen Erdbeerklecks auf unseren Tellern tunken. Wenigstens unser Silberbesteck musste sie nachher nicht abwaschen. Mehr als ein halbes Dutzend Æbleskiver bekam niemand runter, der noch Platz haben wollte für die folgenden Erdbeeren aus eigenen Beeten mit unglaublich gelber flüssiger Sahne. Und, ach ja, den Rest bekamen wir in irdener Schüssel für unterwegs mit. „Die könnt ihr mir nächstes Mal wiedergeben."

Die Besuche bei Christine umwehte eine besondere Stimmung, war sie doch die Enkelin der Prinzipalin des familieneigenen Landgasthofes in Daugaard, Ane Christine Sørensen, meiner Urgroßmutter, und kochte wie sie sozusagen „reel", ganz in der alten Tradition.

Die Apfelfüllung, heute kaum verwendet und fast niemandem bekannt, ist wohl die ursprüngliche Form des Gerichtes und hat ihm den Namen gegeben: „Æble Skiver", Apfelscheiben. Es sei denn, dies waren urspünglich die heute selten bereiteten frischen Apfelringe, die in Teig getaucht, in Öl ausgebacken wurden. Mit Berliner Pfannkuchen haben Æbleskiver aber nicht viel zu tun. Jene sind ein Fettgebäck und werden in flüssigem Öl, ehemals Fett, heute oft Palmin, ausgebacken. Dank der hefebedingten Luftigkeit schwimmen sie, wenn sie gar sind, auf der Oberfläche. Die helle seitliche Naht stammt wie bei den Æbleskiver vom Wenden. Ihre Füllung wird nachträglich durch eine Injektion mit der Marmeladenspritze erzeugt.

Die norddeutsche Version von Æbleskiver ist das Pförtchen, ebenfalls aus Hefeteig in einer eisernen Muldenpfanne gebacken, ein typisches Produkt des offenen Herdes. Es war wie Æbleskiver traditionelles Neujahrgebäck. Aber nur das Pförtchen konnte bei den Neujahrs-Rundgängen an den Haustüren erbettelt werden.

Pförtchen
Æbleskiver

Man braucht dazu eine spezielle Pfanne, „Æbleskivepanden". Herkömmlich ist sie aus Gusseisen mit sieben weiß emaillierten Mulden und gelegentlich noch im Antikhandel oder auf dem Flohmarkt zu überschaubarem Preis zu bekommen. Die norddeutsche Version für „Pförtchen" hat größere Mulden.

Fru Constantins Æbleskiver mit Rosinen und Äpfeln

1 Pfund Weizenmehl, 1 Backpulver oder 1 Tüte Trockenhefe, 60 g Zucker, 8 dl Milch, 4 Eier, 50 g Butter, 100 g Rosinen (oder Apfelmus), 50 g Butter mit Margarine gemischt, 1 Messersp. Kardamom, geraspelte Schale von 1 Zitrone, Prise Salz

Eier trennen; Mehl und Backpulver mischen; Eigelbe mit dem Zucker glatt rühren und mit dem Schneebesen weißschaumig aufschlagen; Rosinen abkochen und zugeben, geschmolzene Butter oder Margarine, Kardamom, Salz und Zitrone, zuletzt das steif geschlagene Eiweiß vorsichtig unterheben.
Backen: Pfanne vorheizen. Etwas Butter oder Margarine in die einzelnen Mulden; wenn es perlt (mit einer Kanne oder kleinen Kelle) die Mulden halb mit Teig füllen. Wenn der Rand braun wird, ist die untere Hälfte gebacken. Mit TL etwas Apfelmus in die Mitte füllen und mit Gabel Teigling wenden, dass flüssiger Teig nach unten fließt und die obere Kugelhälfte bildet.
Mit Apfelfüllung kann man auf Rosinen verzichten. Der Apfel aber hat dem Backwerk „Æbleskiver" (Apfelscheiben) den Namen gegeben und ist wahrscheinlich die ursprüngliche Form.
(Nach Anweisung von Fru Constantin, 1902, No. 593)

Eine Bagatelle ist von der Wortbedeutung zwar etwas ganz Nebensächliches, aber ein Dessert ist nie nur nebensächlich! Es ist höchstens die Antwort auf die Feststellung eines Tischgastes: „Aber das hat doch bestimmt viel Mühe gemacht", und Sie antworten: „Ach, das ist doch nur eine Bagatelle", „Ak, det er da kun en bagatel", eine Nebensächlichkeit. Aber je nach Temperament und bestehenden oder auszuräumenden Vorurteilen: Vielleicht blicken Sie lieber lächelnd tief auf den eigenen Teller und behalten in Bescheidenheit Ihr Renomee.

Bagatelle
Bagatel

4 dicke Scheiben Weißbrot (kein! Toastbrot); $^1/_4$ l kalte Milch; 5 große Eier; 5 EL Sahne; dünne Scheibe Butter, dickere Margarine; Marmelade oder Kompott; 1gestr. EL Zimt; 1 geh. EL Zucker

Die Brotscheiben in Milch einweichen. Vorsichtig in Zimt-Zucker-Gemisch in tiefem Teller wenden. Butter und Margarine in der Pfanne erhitzen und die Scheiben auf beiden Seiten goldbraun braten. Währenddessen: Eier trennen; Eigelbe mit Sahne rühren; Eiweiß steif schlagen; die gezuckerte Eimasse vorsichtig unterheben. Die Brotscheiben damit übergießen. Jetzt Hitze reduzieren und kurz weiterbraten, bis die Masse aushärtet. Dazu selbstgemachte Marmelade, z. B. aus Erdbeeren oder Blaubeeren.

Pflaumengrütze
Blomme Grød

Für 2 Personen: 1 Pfd. Pflaumen, 1dl Wasser (oder etwas mehr), 1 dl Zucker, $1^1/_2$ geh. EL Kartoffelmehl (oder 2 geh. EL je l der Fruchtmasse)

Frische einheimische Pflaumen (Sept./Okt.) reinigen, durchschneiden, entsteinen, im Wasser weichkochen, Zucker beigeben und abschmecken. Herd ausmachen. Kartoffelmehl in etwas Wasser zu Paste rühren und in den Topf unter Rühren eingeben. Wenn die Grütze etwas abkühlt und anfängt steif zu werden, in die schöne gläserne Servierschale füllen (die zuvor mit warmem Wasser gegen Platzen angewärmt wurde). Es bildet sich auf der Oberfläche unschöne Haut, was sich mit sofort aufgestreutem Zucker vermeiden lässt. Die Grütze lässt sich auch gut mit Dörrpflaumen (entsteinten Backpflaumen) verwirklichen.

Pflaumen-Trifli
Blomme Trifli

1 Pfund (500 g) große reife Pflaumen oder $^1/_2$ Pfund getrocknete (ohne Stein), 25 g geschälte Mandeln, 30 g Zucker, 2 x 1 Dessertglas Portwein oder Sherry; 100 g Makronen oder geröstete Weißbrotwürfel oder Zwieback, $^1/_4$ l Schlagsahne, 1 Messerspitze Vanillin. 10 Suppen-Makrönchen als Dekoration

Getrocknete Pflaumen werden zuvor über Nacht in Wasser eingeweicht, frische Pflaumen entsteinen und anstelle des Kerns eine Mandel einsetzen, entsprechend auch bei den getrockneten. Dann in 4 dl Wasser mit einem Glas Wein und 25 g vom Zucker ca. 10 Minuten weichkochen.
Statt Makronen die Weißbrotwürfel oder den zerbrochenen Zwieback in Butter und 5 g vom Zucker rösten.

Zum Anrichten: Brot oder Makronen in die Glasschale füllen und mit einem Glas Wein beträufeln. Dann das Kompott darübergießen. Es folgt als letzte Schicht die geschlagene, mit Vanillin versetzte Schlagsahne. Dekoration mit 10 Suppen-Makrönchen.
Triflis mit Pflaumen sind zwar der dänische Klassiker und fast so populär wie Æblekage. Aber sie lassen sich auch mit anderen Früchten verwirklichen, etwa Bananen oder „Blåbær" (Blaubeeren, Heidelbeeren). Sehr speziell mit „Tyttebær" (Preiselbeeren) oder ersatzweise mit Cranberry . Etwas aus der Reihe schert die Variante mit Schokolade, wozu schlimmerweise leider oft nur ein Schoko-Puddingpulver verwendet wird (geschmolzene Block-Schokolade wird der Sache gerechter).

Der seltsame Name dieser Genüsse, Trifli, leitet sich ab vom englischen „trifle", das Nebensächlichkeit oder Bagatelle bedeutet. Man meint damit ein wirkungs- und geschmackvolles Dessert aus den vorhandenen Vorräten in Speisekammer und Kühlschrank.
Aber der festliche Ton macht auch hier die besondere Musik. Man sollte mit schönen Gefäßen arbeiten und die Masse dann statt in der großen Schale in Portionsgläsern anrichten, etwa den hochstieligen alten Biergläsern von Holmegaard. Die Sahnehaube ist dann einzeln daraufzutun, dazu eine rote kandierte Beere oder geraspelte Schokolade.

Bauernmädchen mit Schleier

Bondepige med Slør

Für 4 Personen: 8 Äpfel (2 je Person), 1 dl Wasser, $^1/_2$ dl Zucker (oder mehr zum Abschmecken), 3 dl geriebenes Schwarzbrot (ohne ganze Körner), weitere 2 gestr. EL Zucker, 50 g Butter, 2 dl Schlagsahne, 5 EL (selbst eingemachte) Marmelade

Schicht: Äpfel schälen, ohne Kerngehäuse kleinschneiden und mit Wasser zu Mus kochen (geringe Hitze, um nicht anbrennen zu lassen, gelegentlich umrühren), mit Zucker abschmecken und abkühlen lassen.

Schicht: Schwarzbrotkrümel und Zucker in der Pfanne rösten; abkühlen lassen; Sahne schlagen.

Anrichten erst kurz vor dem Servieren, damit der Brotzucker kross bleibt. Schichtweise Brot, Mus und Marmelade in Glasschale füllen, mit dem Brot beginnen und aufhören. Oberfläche mit der Schlagsahne dekorieren.

Schokoladenmousse
Chokolade Mousse

(für 4 Personen); 300 g bittere Blockschokolade, 3 dl Wasser, 2 Eier, $^{1}/_{2}$ dl Zucker, 2 dl Schlagsahne, Schokoladenknöpfchen (hell), 12 kandierte Kirschen oder eingeweichte trockene Cranberrys

Schokolade in Stücke brechen und im Wasserbad (kleiner Topf in größerem) zum Schmelzen bringen. Eigelbe mit Zucker glatt rühren und in die noch warme Schokolade langsam einrühren. Abkühlen lassen. Inzwischen Sahne schlagen, Eiweiß schlagen. Beides vorsichtig in die Schokoladenmasse einrühren und in gläserne Portionsschälchen oder langstielige Gläser füllen. Die roten Beeren und Schokoladenknöpfchen auf der Oberfläche dekorieren.

Charlotte mit Früchten
Charlotte med frugter

1 dicker Tortenboden, 1 Dose Ananas in Ringen, 300 g frische Himbeeren. Creme aus: 3 Eigelben, $^{1}/_{4}$ l Sahne, 70 g Zucker, 8 TL Gelatinepulver, etwas Ananassaft, $^{1}/_{2}$ l Schlagsahne

Eine rechteckige große Kastenform aus Blech (für ca. 2 l Inhalt) mit Salatöl ausreiben. Dann auskleiden mit Streifen und Scheiben des Tortenbodens. Obst in Stücke schneiden. Gelatine in Wasser einweichen. Eigelb und Zucker glatt rühren und in die kochende Sahne langsam einrühren. Etwas abkühlen lassen und die Gelatine hierin schmelzen. Abkühlen lassen und, bevor sie gerinnt, Schlagsahne langsam einrühren. Das geschnittene Obst dazugeben und alles in die bekleidete Form füllen. Völlig auskühlen lassen. $^{1}/_{2}$ Std. vor dem Servieren in den Gefrierer stellen, dann auf Servierplatte auskippen, mit Früchten arrangieren.

Dänischer Apfelkuchen
Dansk Æblekage

Dies ist kein gebackener Kuchen, sondern ähnlich wie Blomme Trifli ein Schichtdessert. Die einfachste Ausführung für „täglich" ist diese:

$^{3}/_{4}$ l „Æblegrød" (Apfelgrütze, s. d.), 150 g geriebenes Weiß- oder/und Schwarzbrot, 1dl Zucker, 50 g Butter, Gelee , $^{1}/_{2}$ l Schlagsahne

Brot und Zucker mischen und in siedender Butter braun backen. In Glasschale schichtweise Apfelgrütze und Brot schichten, mit dem Brot beginnen und oben aufhören. Alles mit Sahne abdecken. Mit rotem Gelee dekorieren. (nach Gudrun Larsen, 1941)

Apfel im Teigmantel
Æblekræs

4 Äpfel, 150 g Mehl, 1gestr. EL Zucker, 1 Brief Backpulver, 1EL Butter oder Margarine, 2 Eier,1 Prise Salz, Saft einer Scheibe Zitrone, 2 TL gehackte Mandeln, 3 Tassen Rapsöl zum Ausbacken

Äpfel schälen, in Scheiben schneiden; Kerngehäuse ausstanzen oder schneiden.

Teig aus: Mehl, 2 dl Wasser, Salz, Zucker, Mandeln, Backpulver, 1 EL geschmolzene Butter, Zitronensaft (hindert das Braunwerden des Apfels). Alles zusammenrühren. Die 2 Eiweiße steif schlagen und untermischen. Öl im Topf heiß werden lassen. Die Ringe einzeln in den Teig tauchen, einzeln ins Öl legen und ausbacken. Wenn der Teig hellbraun gebacken ist, mit Gabel herausnehmen (nicht hineinstechen!).

Königin Alexandrines *Apfeldessert* *Dronning Alexandrines Æbledessert*

2 dicke (fertige) Tortenböden (in Bäckerqualität); 10 große Äpfel (z. B. Boskop); 2 geh. EL Zucker; 5 große Eier; 1 gr. Tasse Zucker, geriebene Schale einer Bio-Zitrone, 6 Blätter Gelatine, 4 dl Schlagsahne
Für die Creme: der Dotter von den 5 Eiern mit den 2 EL Zucker und den 4 dl Sahne

Äpfel schälen, klein schneiden und mit den 2 EL Zucker zu Mus kochen. Abkühlen lassen, auf dem einen Boden ausbreiten und mit dem zweiten bedecken. Eier trennen und die Eiweiße zu Schaum schlagen, dabei die Tasse Zucker zufügen und weiter schaumig schlagen. Der Kuchenstapel wird nun allseitig mit der Masse dünn bedeckt, für die Seiten notfalls mit der Spritztüte auftragen und damit auch kleine Röschen auf die obere Fläche garnieren. Auf feuerfester Servierplatte im Ofen (auf 200 Grad vorheizen) bei kleiner Temperatur 30 Min. backen, bis die Oberfläche goldbraun wird. Oder im Ofen auf Backpapier backen und danach auf die Servierplatte ziehen.
Zum Servieren abkühlen lassen. Dazu portionsweise die ebenfalls kalte Creme geben.
Die Creme: Die Eigelbe mit den 2 EL Zucker glatt verrühren. Geraspelte Schale der Zitrone beigeben, Gelatine in 3 EL Wasser schmelzen und unter Rühren langsam in die Eiermasse gießen. Etwas abkühlen lassen und die 4 dl geschlagene Sahne unterheben. Sollte die Creme zu zäh werden, weitere Sahne zugießen.

Königin Alexandrine (1879–1952) war die Gattin von König Christian X. (1870–1947). Königin Margrethe II. ist ihre Enkelin. Alexandrine Auguste war Tochter des Großherzogs Frederik Franz II. von Mecklenburg-Schwerin und Mutter von Frederik IX., dem Vater der heutigen Königin Margrethe II.

Märchen-Auflauf
Eventyr Rand

1 Ei, 35 g Zucker, 1 TL Vanillin, $^1/_2$ l Sahne, 5 TL Gelatinepulver, $^1/_2$ dl Wasser
Füllung: 200 g Mischung aus frischen Beeren je $^1/_3$ Erdbeeren, Himbeeren, rote Johannisbeeren
Für die Saftsoße: $^1/_2$ l aus $^2/_3$ eingemachtem Fruchtsaft verdünnt mit $^1/_3$ Wasser; 1 EL Maizena, 1 EL Zucker, 1 TL Vanillin (oder ausgekratzte $^1/_2$ Vanillestange)

Ei, Zucker und Vanille werden schaumig geschlagen. Die Sahne auf den Siedepunkt bringen und langsam unter weiterem Schlagen eingießen. Alles im Topf, bis es eindickt, erhitzen. Die im Wasser geweichte Gelatine wird in der warmen Creme eingeschmolzen und in die Servierschale (vorher anwärmen) im Wechsel mit Beeren schichtweise eingefüllt. Mit dem Erkalten verfestigt sich alles.
Saftsoße: Den gewässerten Saft zum Kochen bringen. Die Maizena-Legierung wird in etwas kaltem Wasser eingerührt und zugegeben. Alles unter stetem Rühren erwärmen. Mit Zucker abschmecken. Wenn es zu süß sein sollte, mit etwas Zitronensaft ausgleichen. Die Saftsoße kann jeder Tischgast nach Belieben seiner Portionsschale hinzufügen.

Der Traum des Elfenmädchens

Elverpigens Drøm

Für 4 Personen: $^1/_2$ l echte Buttermilch, $^1/_2$ l Schlagsahne, Saft von 1 Zitrone, 125 g weißer Zucker, 1 TL Vanillin, 2 EL geriebene (Mörser!) Mandeln, 8 Blatt rote Gelatine (oder weiße Gelatine und 2 EL roten Fruchtsaft)

Alles vermischen und rühren, bis auf die Sahne, die, steif geschlagen, vorsichtig untergerührt wird. Gelatine in kaltem Wasser einweichen, auswringen und durch Erwärmen flüssig machen. Leicht abkühlen lassen, aber noch flüssig in die Masse gießen und dabei umrühren. In schöne Portionsschälchen füllen, abkühlen und erstarren lassen. Weiße, geschlagene Sahne passt großartig zum zarten Rosa der Speise, die in Schleswig-Holstein als „errötende Jungfrau" bekannt ist.

Sahnerand

Fløderand

4 dl Schlagsahne, 2 EL Sherry, 2 EL Apfelsinensaft, 40 g gehackte Mandeln, 2 gestr. EL Puderzucker, 6 Blatt Gelatine, eingemachtes Obst (z. B. Mirabellen), 1 runde Auflaufform

Gelatine in Wasser einweichen; Sahne schlagen; Gelatine im Wasserbad schmelzen und in den Saftsherry einrühren; in die geschlagene Sahne einrühren. Mandeln und Puderzucker dazutun und alles in die Ringform füllen; kaltstellen bis nach 30 Min alles erstarrt ist. Masse am Rand der Form mit Messer lösen; Form auf die Servierplatte stürzen, mit den Früchten rundum garnieren. Weitere Schlagsahne dazu reichen. Es tut sich jeder mit einem großen Löffel selbst auf.

Mit dem französischen Begriff für Käse, fromage, haben diese festlichen Desserts nur den Namen gemein. Dänische Fromagen sind kaltgerührte Eier-Sahne-Aufläufe, die mit Gelatine zusammengehalten werden. Sie können je nach Zusatz die unterschiedlichsten Geschmacksrichtungen haben, nach Zitrone, Apfelsine, Nougat, Schokolade, Rum, Kaffee oder vielerlei mehr schmecken. Sie waren und sind immer der Stolz der Hausfrau gewesen, teuer in den Zutaten, und verlangen ein Höchstmaß an Sorgfalt und Beachtung richtiger Temperaturen. Sie sind Höhepunkt festlicher Menüs, in vielen Familien ausschließlich zum Weihnachtsessen. Die hohe Zahl der ehemals teuren Hühnereier zeigt die kostbare Besonderheit dieser Gerichte, die es nur zu außergewöhnlichen Gelegenheiten gab und für ärmere Familien nur ein Wunschtraum gewesen sein dürften.

Zitronen-Fromage

Citron Fromage

Für 12 Personen: 10 Eier, 3/4 Pfund Zucker, 10 Blatt weiße Gelatine, 2 Zitronen, Saft und Schalenabrieb, 5 dl Schlagsahne, emaillierte Ringform

Eier trennen. Eigelbe mit Zucker glatt und weiß rühren. Gelatine 15 Min. in kaltem Wasser einweichen und schmelzen in 1 dl warmem Wasser. Mischen mit Saft und Schalenabrieb von 2 Zitronen. Eiweiß zu sehr festem Schaum schlagen und einmischen, wenn die Gelatine kälter, aber gerade noch flüssig ist. In geölte Ringform gießen. Erkalten und erstarren lassen; dann stürzen. Schlagsahne (eventuell mit Vanille) in die Mitte füllen.

Apfelsinen-Fromage

Appelsin Fromage

Für 12 Personen: 10 Eier, 3/4 Pfund Zucker, 7 dl Schlagsahne, 17 Blatt Gelatine, Saft von 6 Apfelsinen und 2 kleinen Zitronen

Eier trennen, Eigelb mit Zucker glatt und weiß rühren. Sehr kalte Sahne zu festem Schaum schlagen und in die Eigelbe mischen. Gelatine in kaltem Wasser 25 Min. einweichen, auswringen, in 1–2 dl kochendem Wasser auflösen und den Fruchtsaft hineingießen. In die Sahne-Eimischung einrühren, gut mischen und in die geölte Ringform gießen. Erkalten und erstarren lassen, mit Messer am Rand lösen und stürzen. Geschlagene Sahne dazu.
(Auf Grundlage von Frau Constantin 1902, No. 531)

Diese Fromage verlangt, wie die meisten Fromagen, auch Schlagsahne. Meine Großmutter scheint beide Rezepte gemischt zu haben. Wichtig ist jeweils die richtige Menge Saft, der Anteil von Zitrone und Apfelsine ist Geschmackssache. Das Eiweiß wird hier durch Schlagsahne ersetzt.

KIRSBERRY
DANSK KIRSEBÆRVIN
BETTER BRANDS LTD.

Jennys Citron Fromage

Jenny und Christian Sørensen waren meine Großeltern, die Eltern meiner Mutter. Jeweils zu Weihnachten reisten sie aus Nordjütland mit dem „Nordpfeil" nach Altona, um mit uns das Fest zu verbringen. Unterwegs hatte mein Großvater, der pensionierte Stationsvorsteher, sich an jedem dänischen Bahnhof aus dem Fenster gelehnt, um die bekannten diensthabenden Kollegen zu begrüßen und sich ausgiebig zu unterhalten. Oft wurde der Expresszug dann etwas verzögert wieder in Gang gesetzt. Meine Großmutter war zu Weihnachten unverzichtbar, auch wenn meine Mutter das nie zugegeben hätte. Ohne die Hilfe aus dem Norden, die ruhig und selbstverständlich das Kommando in der Küche übernahm, ohne meine Mutter das fühlen zu lassen oder etwas von der Ehre einzuheimschen, ohne Großmutter Jenny hätte das Ganze in einem leichten Chaos geendet. Nur für einen einzigen Gang wollte sie völlig allein sein, um nicht durch Bedenken und Eingriffe in ihrer Kunst gestört zu werden. Denn die Bereitung der Citron Fromage war ihr Geheimnis und ihr Erfolg. Nie erlaubte sie andere Methoden oder Hilfsmittel als jene, die sie schon bei ihrer Mutter gesehen und erprobt hatte. Als meine Mutter ihr als Hilfsmittel ihre neue Küchenmaschine aufschwatzte, ging zum einzigen, ersten und letzten Mal

die Fromage daneben, wurde trotz elektrischen Rührens nicht leicht, luftgefüllt und lecker, sondern zur traurigen, schmierigzähen Pfütze auf dem Boden der schönen geschliffenen Glasschale. Mein Vater hütete sich in seiner gewohnten Diplomatie, etwas zu sagen, und löffelte das Unglück unter reichlich Sahne, aber wir Kinder stocherten darin herum. Und die mühsame weihnachtliche Harmonie drohte ins Nichts zu fallen. „Die Maschine muss kaputt gewesen sein, aber sie sieht wieder schön und sauber aus", sagte Großmutter, und sie versprach, das Experiment am ersten Weihnachtstag zu wiederholen, allerdings nur mit ihrem hölzernen Kochlöffel und der irdenen Rührschüssel. 12 Eier waren zum Glück noch da, ebenso wie 1 Liter Schlagsahne, Gelatine, Zitrone und Vanille. Am nächsten Tag, dem Weihnachtstag, gingen alle spazieren, nur sie nicht, und ich durfte auch nicht, als mein Vorspielen der üblichen Atemnot glückte, und ich zur Schonung drinbleiben musste. Nur die Meisterin der Küche hatte das durchschaut, und ich durfte wirklich beim magischen Zeremoniell der Zubereitung von „Citron Fromage" dabei sein. Es besteht aus mehrerlei, verraten sei nur: Am wichtigsten ist Geduld und am zweitwichtigsten, dass ausschließlich rechtsherum gerührt werden muss, wenn es glücken soll.

Obstsalat, erste Bereitung
Frugtsalat Nr. 1

Die typische, traditionelle dänische Variante mit Mayonnaise!
Soße: 300 g gute Mayonnaise (etwa aus der Frischabteilung oder eine Biovariante aus dem Glas ohne Konservierungsmittel), 100 g Crème fraîche oder Quark oder Skyr, 1dl Schlagsahne. 1 Apfel, 1 Birne, 1 Mandarine, 1 Banane, einige kandierte Kirschen, Mandelsplitter

Die Soße zusammenrühren. Sahne schlagen und unterheben. Das Obst schälen und in kleine Scheiben bzw. Würfel schneiden, austretenden Obstsaft abseien und abtupfen (sonst wird der Salat zu flüssig). Das Obst in die Soße geben und leicht wenden, in schöne Schale füllen und mit kandierten Kirschen und Mandelsplittern garnieren.

Obstsalat Nr. 2
Frugtsalat Nr. 2

1 kg gemischtes Obst der Saison: im Sommer z. B. 2 Äpfel, 2 harte (Koch-)Birnen, rote Johannisbeeren, Kirschen, Pflaumen; 1 Zitrone, 1 dl Madeira (ersatzweise Saft einer Apfelsine), $^{1}/_{2}$ dl Wasser, 150 g Zucker, 1 TL Vanillin, 10 Walnusskerne. Entsprechende Mischungen von konservierten oder getrockneten Früchten oder frischen Importen aus der Ferne (wenn man das mag)

Obst reinigen, entsteinen, schälen und in kleine Würfel schneiden; Beeren ganz lassen; Zucker in $^{1}/_{2}$ dl warmem Wasser auflösen, Wein, Zitronensaft, geriebene Zitronenschale und Vanillin einrühren und alles über das Obst gießen. Einige Stunden ziehen lassen. Zubehör: geschlagene Sahne oder Creme

Der Obstsalat zierte das klassische „Kolde Bord", das Büffet mit seinen kleinen warmen und kalten Gerichten zu Schwarz- und Weißbrot. Höhepunkt war „Frugtsalaten", der in besonders schöner Glasschale, eher einem Pokal, über allem thronte und mit halben gebutterten Weißbrotscheiben(!) gegessen wurde, bevor Käse und Weintrauben als Schlussakkord dran waren. Zum Obstsalat gab es (für die Erwachsenen) oft süßen Dessertwein, mitunter Madeira. Wir Kinder bekamen die obligatorische rote Carlsberg Himbeerbrause, „rød Sodavand". Derart üppige Bewirtung (zum festen Gesamtpreis) war in den 1960er-Jahren die Attraktion in den wenigen Kaufhäusern der größeren Städte. In Nordjütland bot sie ausschließlich Aalborg. In der oberen Etage des Kaufhaus Salling zelebrierten wir es, auf Großmutters Einladung, als einen Höhepunkt der großen Familienferien. Dazu spielte sachte ein Pianist bekannte Melodien.

Glasierte Früchte
Glaseret Frugt

Obst, feste Beeren und Nüsse lassen sich mit Zucker glasieren. Allerdings mit Vorsicht und Fingerspitzengefühl!
Geschältes Obst in Würfel oder Scheiben, geschälte Walnüsse in Hälften vorbereiten, trockentupfen und am geöffneten Fenster oder im offenen Herd bei leichter Hitze antrocknen. Das Gut muss außen absolut trocken sein!

Nötig: 1 kleinerer und 1 größerer Kochtopf

Lake: 250 g Zucker, 1,25 l Wasser, 1 TL Weinessig

Zucker ins Wasser und Essig unter Rühren ganz auflösen. Zum sprudelnden Kochen bringen ohne (!) Rühren. Nach einigen Minuten einen Teelöffel herausschöpfen und tropfenweise in kaltem Wasser abschrecken; wenn es sofort glasklar aushärtet, ist die richtige Temperatur erreicht.
Diesen Topf in einen größeren mit heißem Wasser hineinstellen, Herd dabei auf kleiner Temperatur weiter anlassen. Die Teile mit Gabel einzeln hineinhalten und leicht schwenken. Die Flüssigkeit darf nicht in Turbulenzen geraten (weil die Lake sonst sofort kristallisiert). Die getauchten Stücke auf Pergament aushärten lassen. Nur Mandeln und Nüsse lassen sich glasiert lagern (in luftdichten Dosen!). Obst und Gemüse müssen am selben Tag verwendet werden, da der Zucker unter Luftfeuchtigkeit sonst schmierig und unansehnlich wird.

Granita
Granita

Kaffee-Granita für 5 Personen: 3 dl gemahlenen Kaffee, 1 l Wasser, 3 EL Zucker, $^{1}/_{4}$ l Schlagsahne

Starken normalen oder koffeinfreien Kaffee bereiten. Zucker einrühren und auflösen. In Kunststoff-Form füllen und 3 Std. im Gefrierer lassen, dabei zweimal umrühren und ein drittes Mal vor dem Servieren in Dessertschalen oder Gläsern mit reichlichem Klecks Schlagsahne darauf und einem Strohhalm.

Frucht-Granita für 5 Personen: 400 g Erdbeeren oder Blaubeeren frisch oder gefroren; Saft von 2 Zitronen, 5 EL Zucker, $^{1}/_{4}$ l Schlagsahne, 1 dl Wasser

Früchte leicht zerdrücken, mit Zucker, Saft und Wasser verrühren. In Kunststoff-Form geben. Im Gefrierer 3 Std. gefrieren lassen und dabei gelegentlich umrühren. In Portionsgläser füllen, mit Schlagsahne garnieren, Strohhalm und, falls vorhanden, eine Eiswaffel.

Harlekin-Gelee
Harlekin Gelé

Harlekin-Gelee ist ein gelierter Obstsalat.

2 Äpfel, 1 Birne; Saft und Schale von 1 Zitrone, 100 g Zucker, 6 TL Gelatine. Und als rohe Früchte eine möglichst bunte Mischung: 1 Apfelsine, 10 blaue Trauben 10 rote Cranberrys, 5 gelbe Mirabellen, 2 dl Schlagsahne

Die Gelatine in Wasser einweichen. Äpfel und Birne schälen, entkernen und zerschneiden, mit Zitrone und Zucker in 3 dl Wasser weichkochen. Die Gelatine darin schmelzen. Die übrigen Früchte zerschneiden und wie einen Obstsalat (s. Frugtsalat) mischen, in Glasschale geben und mit dem Geliersaft übergießen. Alles erkalten lassen. Mit geschlagener Sahne servieren.

Harlekin ist eine Person der Commedia dell'Arte, die seit Generationen im Kopenhagener Tivoli im Pantomimeteatret aufgeführt wird. Harlekin in dunklem Trikot mit vielen Farbflecken (wie dieses Gericht) und sein Gegenspieler, der weiß gekleidete Pierrot (hier durch Sahne verkörpert). Beide scharwenzeln um die schöne Ballerina Columbine herum. Alles eine schöne, lustige Erinnerung an einen festlichen Sommertag in Kopenhagen, eine frohe Stimmung, die dieses Dessert heraufbeschwören dürfte.

Was die Hexen mit diesem schönen Dessert zu schaffen haben, bleibt ein Geheimnis, das bisher niemand zu lösen vermochte. Aber vielleicht galt es ja als Hexerei, dass man es für überraschenden Besuch spontan herstellen konnte, wenn in der Speisekammer noch ein übrig gelassener Teller kaltes Apfelmus stand, das sinnvoll eingesetzt werden musste, bevor es verschimmelte. Also: keine Hexerei, nur Behändigkeit.

Apfelschnee der Hexen
Heksenes Æblesne

2 Äpfel, 3 Eier, 80 g Zucker, Saft von 1 Zitrone, 3 TL Gelatinepulver, 3 EL Wasser, 1dl Schlagsahne, 20 Suppenmakrönchen

Äpfel schälen, entkernen, zerschneiden und mit wenig Wasser zu Apfelmus kochen; erkalten lassen. Gelatine einweichen und im Wasserbad schmelzen; Eier trennen, das Eiweiß schlagen, dabei den Zucker einstreuen und Zitronensaft dazu. Die Gelatine langsam unter Rühren dazugießen. Apfelmus nach Erkalten langsam dazumischen.

In Glasschale füllen, die geschlagene Sahne und die Makrönchen darauf drapieren.

Hagebutten-Suppe
Hyben Suppe

500 g Hagebutten (von der Hundsrose, die aromatischer sind als die großen von der chinesischen Kartoffelrose); 1,25 l Wasser, 1 Zitrone, 300 g Zucker, 5 EL Maizena, $^{1}/_{4}$ l kalte Sahne, 2 TL braunen Rohrzucker (oder nach Bedarf in der gefüllten Zuckerschale zum Aufstreuen reichen)

Man kann die Hagebutten abkochen und nur den Saft verwenden (was schade, aber einfacher ist) oder: Stängel abschneiden, Hagebutte aufschneiden und die Kerne (mit kleinem Teelöffel) auskratzen. Im Wasser 15 Min. kochen; durch ein Sieb gießen, das Fruchtmus hindurchrühren und dazugießen. Zitronensaft dazu; Maizena in kaltem Wasser anrühren, dazugießen und rührend legieren. Kalt servieren mit an den Tellerrand gegossener kalter Sahne und portionsweise aufgestreutem braunem „St. Croix Sukker" (Rohrzucker).

Ingeborgs Bratäpfel
Ingeborgs stegte Æbler

Je Person: 1 großer reifer, stängelseitig möglichst flacher Apfel. 2 EL rotes Johannisbeergelee. 2 EL Zucker, je 1 dünne Scheibe Butter. Vanillesoße (aus Pulver oder selbst gemacht nach Anweisung bei „Dronnig Alexandrines Æbledessert" (s. d.)

Gehäuse (mit Kerngehäuse-Stecher) entfernen. Schale oben in einem spiraligen Kreisschnitt freischneiden, aber dranlassen. Gelee in die Bohrung füllen, dass es oben überquillt. Äpfel in Schmorpfanne legen, zerlassene Butter drübergießen, mit Zucker bestreuen. In den heißen Ofen stellen und ca. 15 Min. (oder bis die Schale leicht kräuselt) backen. In Glas-Portionsschälchen servieren, Vanillesoße dazu. Die gebackenen Äpfel sind dann leicht glasiert.

Ein Winterdessert, das die Wirkung der im Stubenofen gebackenen Äpfel der Weihnachtsstube heraufbeschwört.

Ingeborg H. lud, bis ins hohe Alter, in jedem Spätsommer einige der Kollegen des Museums zum „Mittag" zu sich in die Altonaer Wohnung. Mehr als sechs passten nicht um den schönen langovalen Mahagonitisch, der mit Platte verlängert war. Immer gab es ein Überraschungsmenü aus dem Programm des Holsteinischen Landgasthofes, den ihre Eltern ehemals betrieben hatten. Viele der dortigen Gäste waren dänische Handlungsreisende, die die holsteinische Provinz abgrasten und hier ihre erfolgreichen Handelsabschlüsse feiern konnten (ohne an Saatgut oder Rübenroder zu denken), mit gediegenem Essen, sich selbst zur Belohnung, und einer Stimmung, dass man sich wie zu Hause fühlen konnte. Diese stilvolle, heimelige Gemütlichkeit und Gediegenheit vermittelte auch die Tochter Ingeborg. Über 30 Jahre leitete sie ehrenamtlich die berühmte Postkartensammlung des Museums und hatte alle 1,7 Mio. Karten wohl sortiert im Kopf. Eine begnadete Kennerin und, bei aller Damenhaftigkeit, liebe mütterliche Freundin. Die letzte dieser Einladungen war zu ihrem 90. Geburtstag. Nach Eröffnungsaperitif (in der Mahagonisitzgruppe) am blumengeschmückten Tisch dann Vorgericht, Suppe, Fischgang (oder Zwischengang), schließlich Kulmination in der fleischernen Hauptmahlzeit (wo man manchmal fragen musste, was dies Spannende denn sei). Nach alldem passte erstaunlicherweise noch der Schluss hinein, das Dessert, das oft seine Geburtsstunde auch im warmen Ofen gehabt hatte, wie dies, der gebackene Apfel.

Natürlich begleitet von altem Dessertwein und, ach ja, dann wieder im Mahagonisitz starken Kaffee „ohne was zu", um für den Nachmittag die anschließende Dienstfähigkeit von uns allen wiederherzustellen. Man wusste nun wie in einer kulturhistorischen Rekonstruktion, wie die dänischen Reisenden sich gefühlt haben mögen.

Sie selbst sagte, sie wolle nun aufwaschen, aber alleine. Mehr hätten auch nicht in die winzige Küche gepasst.

Ja, noch dies: Es gab auch einen Sommergast, aber den behielt sie ganz für sich, als Pflege einer lebenslangen Freundschaft, die Altonaer Rabbinerstochter Miriam, die aus Israel jährlich anreiste, weil sie sich, trotz allem, immer noch als Altonaerin fühlte und es bei Ingeborg etwas gab, was sie in Israel nicht recht

bekommen konnte, gebratene grüne Heringe. Dazu zogen die beiden betagten Damen in den Garten, um die gute Stube mit dieser Delikatesse nicht vollzuräuchern. Was es als Nachtisch gab, hab ich nie zu fragen gewagt. Nach kurzer Erholungsphase besuchten sie uns zum Kamillentee im Museum, um Miriam wieder fit zu machen für den Vortrag, den sie abends noch zu halten hatte.

Ingwerpudding
Ingefær Budding

50 g Zucker, 2 Eier, $^{1}/_{4}$ l Schlagsahne, 3 TL Gelatinepulver, 1 gestr. TL geriebener frischer Ingwer, rote kandierte Früchte (oder Cocktailkirschen) zur Verzierung

Eier trennen. Zucker, Eigelb und Ingwer zusammenrühren. Sahne zum Kochen bringen und langsam unter Weiterschlagen dazugeben. Die Creme bleibt unter Hitze, darf aber nicht mehr kochen; Gelatine darin einschmelzen. Alles abkühlen lassen und die geschlagene Sahne unterheben. In Portionsgläser oder Schälchen füllen und mit gespritzten Sahneröschen und einer kandierten Kirsche verzieren.

Erdbeergrütze
Jordbær Grød

Ersetzt zur Saison fast immer die übliche „Rødgrød" und ist im Unterschied dazu nicht glatt gerührt, sondern mit noch sichtbarer Beerenstruktur!

Für 2 Personen: 1 Pfund (500 g) frische Erdbeeren (gefrorene nur außerhalb der Saison bei unabwendbaren Geburtstagswünschen); 1 Stange echte Vanille (teuer! –, zur Not geht auch 1 TL Vanillin); $^{1}/_{2}$ dl Zucker, $1^{1}/_{2}$ EL Kartoffelmehl (oder das „modernere" Maizena)

Vanillestange spalten, auskratzen und mit den Beeren in 1 dl Wasser sachte weichkochen, dass die Beerenstruktur noch erkennbar ist. Topf vom Feuer nehmen, Vanilleschale herausnehmen; Kartoffelmehl in etwas kaltem Wasser ausrühren und in die heiße Masse gießen; vorsichtig rühren und in die vorgewärmte Glasschale langsam einfüllen. Oberfläche mit etwas Zucker bestreuen, um unschöne Hautbildung zu verhindern. Dazu: frische Sahne.

Erdbeeren Romanoff

Jordbær Romanoff

500 g frische ungespritzte Erdbeeren (keine zu Weihnachten aus Ägypten); 1 Apfelsine, 1 Tütchen getrocknete Pomeranzenschale, $^{1}/_{2}$ dl Orangenlikör (oder 1 Schnapsglas weißer Rum und 1 EL Zucker), 1 gstr. TL Vanillin (oder $^{1}/_{2}$ ausgekratzte Vanillestange), 2 dl Schlagsahne

Erdbeeren waschen und putzen; Orange entsaften; Erdbeeren mit Saft, Alkohol, Vanille und Pomeranzenschale $^{1}/_{2}$ Tag marinieren (dunkel und kühl stellen). In schöne Glasschale füllen; Sahne schlagen und erst unmittelbar vor dem Servieren die Früchte damit bedecken, ohne umzurühren.

Die geschliffene gläserne Schale wandert, von Hand zu Hand gereicht, und jeder tut sich auf und gießt frische Sahne in den Teller zur „Inselbildung" um die Grützportion herum. Jedes kleine und auch erwachsenere Kind rührt nun unpassenderweise das Ganze um, zur Bildung schöner Farbschlieren in den Nationalfarben, und alle hören laut oder ungesagt das ehemals übliche „man leger ikke med Maden", man spielt nicht mit dem Essen. Aber wenn es nicht verboten ist, hat es ja noch nie richtig Spaß gebracht.

Karamelläpfel
Karamel Æbler

Das Folgende stammt vom Meisterkoch Richard Øst-Larsen, der 1944 eine moderne Variante des herkömmlich weihnachtlichen Bratapfels aus dem Stubenofen nun für die Küche ganzjahrestauglich macht. Man braucht dazu die Æbleskiver(Pförtchen)-Pfanne.

7 mittelgroße Äpfel, 1 cm Butterscheibe, 3 gestr. EL Zucker, 3 Tassen Schlagsahne

Äpfel schälen und mit Stanze das Gehäuse ausstechen. Æbleskiver-Pfanne erhitzen, Zucker in jede Mulde, schmelzen und karamellisieren lassen, ein wenig Butter dazu, dass es aufbraust. Äpfel darin wenden, bis sie ganz durchgebraten und mürbe sind.

Karamellbirnen
Karamel Pærer

Birnen schälen und entkernen. Hier eignet sich die Pfanne nicht. In einem dickbodigen Topf Zucker karamellisieren lassen, 1 geh. TL Butter hineingeben, unter stetem Rühren die Birnen darin wenden und sachte mürbe kochen.

Auf eine Servierschale gießen, erkalten lassen und vor dem Auftragen mit geschlagener Sahne dekorativ umgeben.

Buttermilchsuppe
Kærnemælks Suppe

$^1/_2$ l echte Buttermilch , $^1/_2$ dl Zucker, 2 geh. EL Rosinen, $^1/_2$ dl Weizen- oder Dinkelmehl, gerieb. Schale von $^1/_2$ Zitrone

Mehl in $^1/_2$ Tasse der Buttermilch mit Schneebesen einrühren. Übrige Buttermilch mit Zitronenschale dazugießen und zum Kochen bringen. Bei weiterem Schlagen Zucker zufügen und weiterrühren. Vom Feuer nehmen und die Rosinen dazugeben. Manche taten noch ein ganzes Ei in die Terrine, das mit Zucker glatt gerührt wurde, bevor man die Suppe hineingoss. Aber das ist nicht nötig und geht manchmal schief. Eigelbe gibt es, salmonellenfrei desinfiziert, abgepackt als Backzubehör in guten Supermärkten.

Bei festlichen Anlässen verziert man jede Portion im Teller mit einigen schwimmenden Suppen-Makrönchen, die vornehme Version der eigentlich üblichen in Butter gerösteten trockenen Weißbrotwürfel.

Kørom ist eine kalt gerührte Buttermilchsuppe unter Nutzung von Schwarzbrotresten, ein typisches Gericht für die kleineren Landhaushalte, wo häufig auch Reste der eigenen Milchproduktion zur Verfügung standen und die Speisekammer trockene Schwarzbrotreste immer im Leinensäckchen vorrätig hielt. Im Bürgertum wurde derlei (wie auch Øllebrød) kaum als Hauptmahlzeit serviert, sondern als preiswerter, oft improvisierter Nachtisch oder Zwischenmahlzeit.

Das billige Gericht zielt auf die Sättigung einer größeren Anzahl von Essern im einfacheren ländlichen Haushalt. Das Rezept verfasste Gudrun Larsen 1941 während der deutschen Besatzung für das kgl. dänische „Landhusholdningsselskab" und wandte sich an die vielen kleinen Bauernstellen (Husmandssteder). Der reichliche Zucker zeigt, dass die Rationierung, die von 1944 bis 1953 dauerte, noch nicht eingetreten ist. Während der Jahre 1940–1945 stieg der Eigenverbrauch selbst erzeugter Lebensmittel auf über 40 %, gleichzeitig gab es enorme Exporte nach Deutschland.

Rundherum
Kørom

3 l Buttermilch, 2 dl Zucker, 1 Zitrone, 5 (!) dl Mehl, geriebenes Schwarzbrot, so viel wie vorhanden. Die Zitrone mit Saft und geriebener Schale nutzen.

Alles kalt zusammenrühren.

Lindals Ymermilch
Lindal Ymer

1 l Ymer, 2 Eigelbe, 50 g Zucker, 10 g fein gemahlene Mandeln
Eigelb (salmonellenfrei abgepackt) und Zucker glatt rühren, dann in den Ymer hineinrühren; Mandeln dazu.
Es lohnt sich, eine dünne Scheibe Honigkuchen („honningkage") oder eine frisch gebackene Waffel darunterzulegen und mit dem Ymer zu übergießen.

Ymer ist eine Art von Dickmilch, die bis in die 1960er-Jahre nur in Norwegen erhältlich war und in den Hütten der Alm den Gästen zu Waffeln gereicht wurde. Mittlerweile in jedem dänischen Supermarkt erhältlich, wird er aus künstlich gesäuerter Magermilch hergestellt, die allerdings bei Stubentemperatur eindickt. Der Name leitet sich von dem Ur-Riesen Ymer her, der von Odin und seinen Brüdern am Anfang der Zeiten besiegt wurde und dessen Kopf als Ausgangsmaterial für die Bildung der Erde diente.

Kleinbruders Leibgericht

Lillebroders Livret

sind hauchdünne, gerollte „Pandekager" (Pfannkuchen), mit Erdbeermarmelade und Quark gefüllt. Sie werden mit den Fingern gegessen.

400 g Weizenmehl, 3 Eier, $^3/_4$ l Milch; 1 dl Malzbier, 1 EL Rapsöl, 2 EL Zucker, 1 TL Salz, $^1/_2$ TL Zimt, 1 Brief Backpulver oder 2 TL Natron

Mehl, Salz und Zucker vermischen. Milch, Bier, Öl, Eier und Backmittel mischen und ins Mehl einrühren. Der Teig darf nicht zu dickflüssig sein; nach dem Probestück eventuell mit wenig Wasser verdünnen. Eiserne Pfanne vorheizen; wenig Öl oder geschmolzene Margarine hinein. Probestück backen, Teig wird mit einer Tasse eingegossen in das obere Drittel der Pfanne. Ist er dünnflüssig genug, rinnt er bei schräg gehaltener Pfanne über die restliche Fläche bis an die Kante. Wenn die Ränder braun werden, mit Palettenmesser wenden und die Rückseite (kürzer) backen. Auf einem Teller stapeln. Der Teller steht auf einem Topf mit warmem Wasser.

Von der Mischung, aus 1 TL Quark und 1 TL selbst gemachter Erdbeermarmelade streicht sich jeder selbst einen Löffel voll quer über den Pfannkuchen, der dann zusammengerollt wie eine Teigwurst vom Ende her mit den Fingern gegessen wird.

„Lillebror" ist, unabhängig von anderen Geschwistern, immer der jüngste Bruder. Bei manchen bleibt allerdings der Kosename hängen, was bei weiterem Nachwuchs zu Komplikationen führen kann.

Pfannkuchen waren ehemals bei Kindergeburtstagen gern gewünschte Lieblingsspeise. Sie lassen sich auf Vorrat stapelweise herstellen und auf einem Teller über dem Wasserbad warm halten. Erdbeermarmelade ist als Zubehör bei kleinen und erwachsenen Kindern kaum zu übertreffen. Außerdem ist „Pandekager med Jordbærsyltetøj" das Leibgericht von Rasmus Klump, dem von Wilhelm Hansen gezeichneten Bärchen mit der Strickmütze, der nicht nur als „Petzi" in den Bildergeschichten (vom Carlsen Verlag) über Generationen populär war, sondern in allen Größen als Pappfigur und Spartopfbär das Maskottchen der dänischen Sparkassen.

Pfannkuchen sind nicht nur Desserts, sondern mit verschiedenem Zubehör, süß oder herzhaft, durchaus auch ein Hauptgericht.

Maulwurfshaufen
Muldvarpeskud

20 getrocknete Zwetschgen oder Pflaumen ohne Stein; 20 geschälte Mandeln. Für die Creme: 2 Eier, 40 g Puderzucker, 2 TL Vanillin, 2 EL Zucker, 2 dl Schlagsahne, 1 TL Gelatinepulver

Trockenobst muss 24 Std. in Wasser einweichen. Die Pflaumen entsteinen, wenn sie es nicht schon sind, und in Wasser mürbe kochen. Bei den eingedosten Backpflaumen reichen 5 Minuten. In jede Pflaume eine Mandel als Stein einsetzen. Dann die Pflaumen auf der Servierschale zum Maulwurfshaufen aufschichten. Abkühlen lassen

Die Creme zum Übergießen:

Sahne schlagen, Eigelb, Zucker und Vanillin mit dem Schneebesen rühren und sämig schlagen. Gelatine im Wasserbad schmelzen und einrühren. Alles vorsichtig in die geschlagene Sahne einheben und mischen. Abkühlen lassen.

Diese Creme ist auch für diverse andere Desserts brauchbar oder zu variieren, etwa mit Minze, Zimt, Kardamom usw.

Madeira-Dessert
Madeira Dessert

(Grundrezept in „Mesterkokkens Idebog“ von Richard Oest-Larsen 1962, zur Inspiration der kochenden Hausfauen)

100 g Zucker, $^1/_2$ Tasse Madeira-Wein, 4 Eigelbe, 2 EL Zucker, $^1/_2$ l Schlagsahne

Im Kochtopf werden die 100 g Zucker unter Rühren (Holzlöffel!) geschmolzen. Sobald es braun ist, vom Feuer nehmen und den Wein langsam und vorsichtig hineingießen (dass es nicht spritzt). Auf kleiner Flamme schmelzen und auflösen. 4 Eigelbe mit 2 EL Zucker glatt rühren und beim Weiterrühren den gezuckerten Madeira hineingießen. Weiterrühren, bis es nur lauwarm ist, kaltstellen und danach im Kühlschank weiter kühlen. Sahne steif schlagen und die Zuckermasse hineinheben. In hochstielige Trinkgläser füllen und mit Kleingebäck servieren. Madeira lässt sich mit Portwein ersetzen oder für alkoholfreie Ansprüche mit rotem Traubensaft.

Marmeladen-Omelette
Omelette med Syltetøj

Louise Nimb gibt in ihrem legendären „Fru Nimbs Kogebog“ 1888 folgende Anweisung für „Omelette au naturel“

Man berechnet zwei Eier für jede Person. Die Eier werden mit etwas Salz gut gerührt. Reichlich Butter wird in die Pfanne getan, und wenn sie heiß ist, gießt man die Eier hinein; man muss mit dem Pfannkuchenwender (gemeint: Palettenmesser) in den Eiern rühren und die Pfanne muss stetig geschüttelt werden, während das Omelett bäckt. Während es noch auf der Pfanne liegt, belegt man es entweder mit Marmelade oder Kompott von Himbeeren, Erdbeeren, Aprikosen und ähnlichem. Das Omelett wird zusammengefaltet und auf die Servierplatte geschüttelt. Mit Zucker bestreuen und glasieren, mit einem glühenden Eisen, das in kurzem Abstand darübergehalten wird.

Rhabarbergrütze
Rabarber Grød

Ein Gericht des Sommers, da Rhabarber wegen der wachsenden Oxalsäure-Entwicklung nach Johanni nicht mehr genutzt werden sollte. Die Stängel lassen sich allerdings gut in Zuckerlake, leicht angekocht, haltbar machen und stehen so das ganze Jahr zur Verfügung. Es ist sogar möglich, sie in abgekochtem, kaltem Wasser ohne Konservierung roh in Flaschen einzukellern. Die Oxalsäure verhindert Fäulnis. Die Stangenabschnitte lassen sich so den ganzen Winter frisch nutzen.

6 mittlere Rhabarberstängel, 1 l Wasser, $^1/_2$ Pfd Zucker, 30 g Sagomehl, 30 g Kartoffelmehl, 1 TL Vanillin und 1 geh. TL geriebene Zitronenschale

Von den Stängeln mit dem Messer die zähe Haut abziehen. In Stücke von 2 cm schneiden; kochen. Durch feines Sieb rühren. Den Saft mit dem Zucker süßen. In eine kleine Menge vom Saft wird das Mehl klumpenfrei eingerührt. Dann unter Rühren in den kochenden Saft gegossen, der sofort vom Feuer genommen wird; weiterrühren. Kalt stellen. Nach dem Erstarren leicht mit Zucker überstreuen, um Hautbildung zu vermeiden. Die Grütze ist blaurosa und etwas blass. Wer das nicht mag, der Flüssigkeit zuvor etwas konzentrierten Kirschsaft zufügen. „Rabarbergrød" wird traditionell mit kalter Milch gegessen, die in jeden Teller um die Grützportion gegossen wird.

Rhabarber als Gemüse hatte es in Dänemark wie in Deutschland zunächst schwer. Über Jahrhunderte war die aus der Mongolei und China importierte Wurzel in den Apotheken als Abführmittel zu haben. In Europa glückte zuerst in England der Anbau und man kam darauf, auch den Stängel als Gemüse zu verwerten. Von England gelangte er mit einem englischen Handelsgärtner nach Hamburg und wurde in der Vierländer Elbmarsch seit 1848 als Gemüse angebaut, das nur zögerlich angenommen wurde, aber schließlich als „englisches Kompott" zu fettem Braten sehr beliebt wurde. Um 1880 wird Rhabarber auch in Schleswig-Holstein für Privatgärten empfohlen. Von hier oder direkt aus England muss die Pflanze auch nach Dänemark gelangt sein, wo sie schon vor 1900 in den meisten Gärten unweit der düngenden Komposthaufen prächtig gedieh. Abschnitte dünnerer Stängel gab man im Sommer den Kindern als Lutschstange.

(Hierzu grundlegend:
Torkild Hinrichsen:
Rhabarber, Rhabarber!
Kulturgeschichte, Botanik, Anbau und Nutzung, Husum 2003)

Reiche Ritter
Rige Riddere

Der arme Ritter (s. d.) ist zu Kapital gekommen und liebt es etwas üppiger, aber er ist nicht mehr er selbst und seine Bescheidenheit eine andere. Beides sind jedoch Restegerichte, die trockenes Weißbrot nutzen.

6 Scheiben trockenes Weißbrot, 1 dl Milch, 6 EL Zucker, 1 TL Vanillin, 2 TL Zimt, 2 gestr. EL gehackte Mandeln, 70 g Butter.

Fruchtsoße aus eingemachtem Saft, Kirsch oder Mirabelle, mit Kartoffelmehl eindicken

Teller mit Zucker, Zimt und Mandeln mischen und bereithalten. Pfanne mit Butter heiß werden lassen. Ei schaumig schlagen. Die Brotscheiben kurz in Milch tauchen, ohne dass sie sich vollsaugen, dann im Ei wenden. Zuletzt in der Zucker-Mischung wenden. In der Pfanne in der siedenden Butter braun und knackig backen. Mit Fruchtsoße (s. o.) reichen.

Arme Ritter
Fattige Riddere

Der „arme Bruder" des reichen Ritters. Dies ist das ursprüngliche Gericht! Ein kleines Fest für die trüben Zeiten und Haushalte des Mangels, ein Meisterwerk der alten Resteküche, in der nichts verloren gehen darf.

Rezept wie oben; aber: Es wird kein Vanillin, sondern nur sparsam Zimt genommen und auch kein Ei.

Das Gericht wurde erstmals während der deutschen Besatzung erfunden, als Restespeise zur Nutzung der weihnachtlichen Reisgrütze. Da der Reisimport schon stagnierte, bevor für viele Waren die Rationierung eingeführt werden musste, bot es sich an, den Reis mit Schlagsahne zu verlängern, da Molkereiprodukte ausreichend zur Verfügung standen. Dieses Dessert ist für das familiäre Weihnachtsmenü unabdingbar, einschließlich der versteckten preiswürdigen Mandel. Es folgt, begleitet von Portwein oder Madeira, nach dem Gänsebraten. Reis wurde ehemals als Milchreis mit Zucker und Zimt vor dem Hauptgang gereicht und erzielte vor dem teuren Braten eine gewisse Grundsättigung. Hierin war auch die Mandel versteckt. Der Finder bekam traditionell einen großen Klecks Marmelade, später ein kleines Marzipanschweinchen. Dazu gab es erhitztes dunkles (Malz-)Bier.

Mandelreis
Ris à l'amande

$2^1/_2$ dl Milch, 1 dl Reis, 1 TL Vanillin (oder 1 Stange Vanille), 5 Mandeln, 1 gstr. EL Zucker, 2 dl Schlagsahne

Milch aufkochen, Reis und Vanille hineintun. Unter Rühren erhitzen und bei kleiner Hitze unter Deckel ca. 40 Min. weichkochen. Gelegentlich rühren. Abkühlen lassen. Blättrig geschnittene Mandeln und Zucker einrühren. Sahne schlagen und in die kalte (!!) Grütze einrühren. Dazu Saftsoße aus (mit Kartoffelmehl) legiertem Kirschsaft.

(Ähnliches Rezept bei Hinrichsen, Dänische Spezialitäten, Husum 2020)

Honigmond des Nisse
Nissens Honning Måne

Jede Portion: 1 halbreife (feste) Banane, 1 gr. EL Honig, 1 EL Wasser, Butter für die Pfanne

Bananen schälen. Honig und Wasser im Topf erhitzen und ausschalten. In der Pfanne Butter bräunen, Bananen hineinlegen und nach $1^1/_2$ Min. wenden. In Portionen aufteilen und mit Honig übergießen. Bananen lassen sich auch in Teig einbacken. Teig aus 1 Ei, 1 EL Wasser, 1 EL Mehl, Priese Salz; sämig rühren, quellen lassen, Bananen darin wenden, in Rapsöl ausbacken. Dazu die Honigsoße.

Der Schnuller des Nisse
Nissens Narresut

4 Bananen, kl. Dose eingemachte Aprikosen, $2^1/_2$ dl Schlagsahne, Schokoladenkrümel, grüne Krümel „drüs" (in denen auch die Eiskugel im Hörnchen an der Eisbude gewälzt wird).

Richard Oest Larsen veröffentliche 1962 in seinen Mesterkokkens Idebog dies „Börnedessert":

„Schlagsahne zu Schaum geschlagen, der auf einer schönen Servierplatte ausgebreitet wird. Streu dann reichlich mit Schokoladenkrümel und grünem Krümel, daß es einem Waldboden ähnelt. Bananen werden geschält und quer in drei Teile geschnitten. Sie werden im Schlagsahneboden aufgestellt. Auf jeden Bananenstamm wird eine eingekochte Aprikose gesetzt". (Vermutlich möchte er damit Pilze darstellen.)

Meine erste Banane sah ich als dreijähriger 1951 in Altona, als mein Großvater (der Vater meines Vaters) sie feierlich aus der großen Tasche seines schwarzen Wintermantels zauberte. „See hvad jeg har fundet, den skal du have", (Schau, was ich gefunden habe, den sollst du haben), sagte er in seinem Tonderner Dänisch. Wo der über 80-Jährige in der schlechten Zeit bei seinem täglichen Spaziergang dies seltsame Objekt aufgetrieben hatte, ist mir bis heute ein Rätsel, denn es gab damals eigentlich fast nichts. Und er musste mir anschließend zeigen, dass dieses krumme, mondförmige Ding, das ähnlich beim kleinen Hävelmann im Zimmer herumgeisterte, tatsächlich gegessen werden konnte, wenn man die Mondschale abzog, was ich zunächst sehr schade fand. Im 21. Jahrhundert würde das wohl kaum ein Kind begeistern. Aber in den 1950er- und Anfang der 1960er-Jahre waren Bananen auch in Dänemark noch eine teure Seltenheit, die es höchstes einzeln und schon gar nicht mit Dekoration und Schlagsahne gab.

In dieser Art wurde es als Hauptmahlzeit häufig (falls vorhanden) mit einem Salzhering serviert. So dürfte es mein norwegischer Ur-Ur-Großvater mit seiner Familie seit 1821 auch in Aabenraa gegessen haben.

Die bessere „bürgerliche" und heutige Verfeinerung: $3^1/_2$ dl Zucker, 3 Eier, 5 EL Zitronensaft.
Zucker, Eier und Saft mit Schneebesen schaumig schlagen und in die Terrine gießen. Dann die kochende(!) Suppe unter stetem Rühren langsam hineingießen. Sahne oder Schlagsahne dazu servieren.

Norwegische Bierbrotsuppe
Norsk Øllebrød

1 Pfund Schwarzbrotreste (Rinde gibt den kräftigsten Geschmack), 20 dl Wasser (zum Einweichen), $1^1/_2$ l Malzbier, $1^1/_2$ dl Zucker

Die übliche, sparsame Zubereitung für das tägliche Mahl, auch in Norwegen und für die dänische Flotte, war diese: Brot zerbrechen oder zerschneiden. In einer irdenen Schale oder einem Einmachtopf in 20 dl Wasser über Nacht einweichen. Im Kochtopf 20 Min. in diesem Wasser kochen. Durch ein Sieb und dann durch ein Haarsieb (dørslag) rühren. Die Masse in $1^1/_2$ l „Hvidtøl" (dunklem Leichtbier, man nehme Malzbier) $^3/_4$ Std. bei geringer Hitze kochen (gelegentlich umrühren, es brennt leicht an).

Mein norwegischer Ur-Ur-Großvater, Thorkil Andersen, war Schiffszimmermann und zog 1821 von seinem Geburtsort Mandal in Südnorwegen nach Aabenraa (Apenrade, nördlich von Flensburg) um. Hier heiratete er und besaß bald eine eigene Werft, eines der vier großen Schiffbauunternehmen dieser traditionsreichen, wachsenden Hafenstadt. Zwei seiner Söhne wurden Kapitäne, der dritte übernahm schließlich die Werft. Sein Sohn Julius Andreas Andersen, mein Urgroßvater, führte einige der 50 großen Schiffe der Andersen-Werft, Briggs und Barken. Oftmals in mehrjährigen Reisen zwischen Hamburg und China, nach Süd- und Nordamerika. Seine erste Frau und Mutter seiner Kinder war die Tochter seines Steuermanns Jensen. Sie begleitete ihn auf mehreren Fahrten mit der Brigg Thorkild. So gebar sie ihre Tochter Louise im Hafen von Bahia. Louise wurde Lehrerin in Nordschleswig, Stationsvorstehergattin in Krempe, Apenrade und Altona und war, als Mutter meines Vaters, meine Großmutter.

Doch weder die Seefahrerfamilien noch das preußische Bahnpersonal lebten in irgendeiner Weise üppig. Gerichte wie das Norwegische Øllebrød wurden wie bei der dänischen Flotte regelmäßig aufgetischt und gewiss nicht die Luxusvariante. Magere, sparsame Kost war die Regel, besonders bei Julius Andersens Frau Louise Andersen, die mit ihren zahlreichen Kindern unter oft wirtschaftlich kümmerlichsten Bedingungen haushalten musste und schließlich jung starb, während ihr Kapitän, Julius, im fernen Amoy erst in einer jahrealten Apenrader Zeitung von ihrer Beerdigung lesen musste. Als er endlich nach Jahr und Tag wieder zu Hause war, fand er die Kinder völlig vernachlässigt und schlecht ernährt bei seinen alten Schwiegereltern und heiratete Hals über Kopf ein resolutes „spätes Mädchen", Anna Jacoba Fischer, die Tochter des Chronometermachers und Zeitungsverlegers Frederik Fischer. Anna Jacoba hielt die Trümmer der Familie zusammen und ermöglichte allen Kindern einen guten Werdegang, auch als Julius, wie die meisten der Mannschaft, an Skorbut gestorben und in New York begraben worden war. Sie war die einzige Großmutter, die mein Vater kennengelernt hat, jene für den wochenlangen Ferienaufenthalt und das Getränk „Aabenraa Brus" (s. d.). Sie war wie ihr Vater, der unbequeme Zeitungsredakteur, durch und durch dänisch und kämpfte wie er lebenslang für die Befreiung von Preußen. Es kamen nur „wirklich dänische" Gerichte auf den Tisch und die gab es auch für ihre Stiefenkel in den großen Ferien.

Nougateis

Nougat Is

Nougat aus: 75 g Zucker, 25 g kleine gehackte Mandeln, 20 Rosinen. Eis aus: $1^{1}/_{2}$ Tassen (3 dl) Schlagsahne, 2 Eigelb, 1 TL Vanillin, 1 EL Zucker. Eventuell einige gebrochene Walnusskerne und getrocknete Cranberrys

Das Nougat ist auskristallisiert und knackig in der Speiseeismasse, wie traditionell in dänischem Vanilleeis. In der Pfanne Zucker karamellisieren lassen und, wenn es hellbraun ist, sofort die Rosinen und Mandeln hinein und alles auf Pergamentpapier gießen, wo es sofort aushärtet. Dann mit dem Papier (in kräftigem Plastikbeutel) mit Kuchenrolle oder hölzernem Fleischhammer zerbrechen und in kleine Krümel zertrümmern.

Eis: Sahne schlagen. Ei, Zucker und Vanillin gründlich glatt zusammenrühren. In die Sahne mischen und zuletzt die Nougatkrümel zufügen (eventuell Walnussstücke und trockene Beeren wie Cranberrys). Masse in Plastikform gießen und in den Gefrierer stellen, während der nächsten 3 Stunden einige Male darin rühren.

Das Vereisen gelingt für kleinere Portionen auch sehr gut in den preiswerten metallenen „Eismaschinen", die aus doppelbödiger Metallschale bestehen, die im Gefrierer vorgefrostet wird und worin die Masse, an der kalten Wandung entlang gerührt, langsam gefriert. Man muss selbst entsprechende Experimente machen.

Birnen mit Preiselbeeren
Pærer mit Tyttebær

Die Kombination von süßen Birnen und herben Preiselbeeren ist als Beilage zu Wildbraten bekannt, doch lässt sich daraus auch ein malerisches, schmackhaftes Dessert gestalten:

5 Birnen, 100 g Zucker, 1 Tasse Wasser, $^{1}/_{2}$ l Schlagsahne, 1 TL Vanillin, 1 Tasse eingemachte Tyttebær (Preiselbeeren)

Birnen schälen, putzen und entkernen, hälfteln. In Wasser und Zucker kochen, bis sie mürbe sind. Schlagsahne mit Vanillin versetzen und steif schlagen. Auf schöner Servierplatte als Sahnemeer ausbreiten. Darauf die Birnen mit der offenen Seite nach oben arrangieren und mit Tyttebær füllen. Manche nehmen statt reiner Sahne auch eine Mischung mit einem Rest vorgekochtem Milchreis. Blaubeeren oder Brombeeren sind für dies Dessert auch gut geeignet. Wir haben, wie unsere Eltern, im Keller einen Vorrat an süßsauer mit Zimt eingemachten unreifen (festen) Birnen und geeignete selbstgemachte Marmeladen und Kompotte. Damit lassen sich solch „schnelle" Gerichte ohne lange Vorplanung leicht spontan verwirklichen.

Birne auf Honigkuchen

Pæren på Honningkagen

Selbst eingemachte Birnen (s. Pærer med Tyttebær), Frühstücks-Honigkuchen, Fruchtgelee, fertige Vanillesoße (dänische Ursi Soße aus Vejle)

Ein Dessert auf die Schnelle aus Vorhandenem.

Jede Portion in der Dessertschale anrichten: auf 1 Scheibe des braunen (holländischen) Frühstückskuchens 1–2 Birnenhälften legen, mit Öffnung nach oben, rotes Gelee hinein, alles umgießen mit der gelben Vanillesoße. Falls Sahne vorhanden, verfeinert ein Klecks davon.

Pfannkuchen
Pandekager

Tykke Pandekager, dicke Pfannkuchen:
1 Pfund Weizenmehl, $^{1}/_{2}$ dl Malzbier, 12 dl Milch, 6 Eier, 50 g Butter, 20 g Butter zum Ausbacken, 1 Tütchen Backpulver oder Trockenhefe (nach Bedarf: 1 gstr. TL Vanillin, 1 gstr. TL Kardamom)

Wichtig ist hier unbedingt die eiserne Pfanne beim Heißwerden mit geknülltem Pergamentpapier, Fett und aufgestreutem Salz zu reinigen: so lange im Kreis reiben, bis keinerlei Widerstand mehr spürbar ist und die Fläche völlig glatt und spiegelnd wird. Man braucht außerdem einen flachen, sauberen Topfdeckel, z. B. einen blau emaillierten von GM (Glud og Marstrand) zum Wenden der Pfannkuchen, ähnlich wie beim Omelett.

Eier trennen. Mehl mit Bier und etwas von der Milch zu einem (zähen) Teig rühren; dann die Eigelbe und Butter, die warm, aber nicht geschmolzen ist, dazu. Übrige Milch dazu und die Hefe. Alles zusammenrühren und 1 Std. stehen lassen. Eiweiß schlagen und Backpulver zufügen (wenn nicht zuvor Hefe genommen wurde). Vor dem Backen das steif geschlagene Eiweiß einrühren. Pfanne vorheizen. Butter in Töpfchen schmelzen, zum Ausbacken, und löffelweise in die Pfanne geben. Backen, bis die Ränder braun sind und die Oberfläche leicht stockt. Deckel auflegen. Pfanne und Deckel zusammen umdrehen. Pfannkuchen auf dem Deckel balancieren, bis die andere Hand flüssige Butter in die Pfanne gegossen hat, dann mit der noch rohen Seite auf die heiße Panne gleiten lassen.

Das ist auch die Technik bei einem Omelett. Bei etwas Übung ist es einfacher, als es sich liest!

(Für dünne, spröde Pfannkuchen s.: „Lillebrors Livret")

Stachelbeergrütze
Stikkelsbær Grød

Ida Clemmensens fine Stikkelsbærgrød

Für 4 Personen: 20 dl unreife grüne Beeren, 400 g Zucker, 1 Stange Vanille, 2 Blatt Gelatine, 4 Tassen Sahne

Beeren von Blütenresten und Stängeln befreien. 1 Tasse Wasser mit dem Zucker zu Sirup kochen. Stachelbeeren hineintun und sachte kochen, bis sie weich sind. Sie dürfen nicht platzen. Beeren mit dem Schaumlöffel herausnehmen. Mit der aufgeschnittenen Vanillestange den Zucker weiter kochen und ziemlich dick werden lassen. Die zuvor eingeweichte Gelatine im Zucker schmelzen lassen. Beeren wieder hineintun, sachte umrühren und den Topf vom Feuer nehmen. Abkühlen und dann in die Glasschale füllen. Dazu wird fette süße Sahne in jeden der tiefen Teller rund um die Grütze gegossen.

Das Kochbuch von „Frau Constantin" rät 1902: „Diese Stachelbeergrütze eignet sich nicht für das Tägliche, denn sie ist so stark, dass man nur ganz wenig davon essen kann; aber sie ist sehr delikat."

Rote Grütze mit Sahne
Rødgrød med fløde

750 g Beeren (rote und schwarze Johannisbeeren, Himbeeren, Kirschen – Stachelbeeren ergeben grüne Grütze), $^{3}/_{4}$ l Wasser, 200 g Zucker, 80 g Kartoffelmehl

Die Beeren 10 Minuten zu Saft kochen, durchsieben, mit Kartoffelmehl (Schneebesen) abbinden. Eingestreute ganze Früchte erhält man, indem man sie nur die letzten 2 Min. mitkocht. Die warme Grütze in eine Glasschale füllen. Die Oberfläche mit Zucker bestreuen, um Hautbildung zu vermeiden.

Servieren: Am Tisch im Alltag aus der Schale die Portionen in Suppenteller löffeln, Sahne an den Rand gießen und mit dem Suppenlöffel essen. Kleine gläserne Portionsschalen und Dessertlöffel sind nur bei festlichem Anlass üblich. Dann häufig mit Vanillecremesoße.

Ida, meine Urgroßmutter in Nordjütland, wohnte mit ihrer Familie, dem Schneidermeister Ferdinand Clemmensen und den zwei Kindern (meiner Großmutter und meinem Großonkel) in einem gemieteten Haus direkt an der Ostseeküste der Provinzstadt Frederikshavn. Dazu gehörte ein großer Obstgarten mit vielen Beerensträuchern. Die Ernte der Beeren war in jedem Jahr eine Herausforderung, denn der Hauswirt musste einen Teil abhaben und überwachte die Kinder, die mit ihrer Mutter tagelang im Einsatz waren. Ida Johnson stammte aus Smaaland in Schonen, und sie behielt lebenslang ihren schwedischen Dialekt. Stachelbeergrütze hatte es schon in der alten Heimat gegeben, aber mit wenig Zucker und fest war die Sahne dazu bestimmt auch nicht, denn es folgte in ihrer Jugend eine Missernte nach der anderen, dass die vielen Schwestern Johnson teilweise nach Kopenhagen auswanderten, andere aber gleich nach Amerika übersetzten. Das blieb Ida erspart, denn sie hatte das Glück, sich von

einem Schneider aus der jütländischen Provinz erobern zu lassen und wurde schließlich zur geachteten Meisters Gattin, die sich sogar ein Dienstmädchen hätte erlauben können. Aber das war wohl einfach zu viel des Guten.

Diese schwedische Vergangenheit prägte Ida, und sie war vertraut mit sparsamem Wirtschaften und Nutzung der eigenen Produkte. Nach einem Kochbuch zu agieren, wie dem von Frau Constantin, das auch Haushaltstips aller Art verzeichnet, war bei ihr nicht nötig, und 1902 die 2 Kronen und 50 Öre dafür auszugeben, wäre ihr nie eingefallen. Sie kochte ausschließlich aus dem Kopf und der Erinnerung und nach vielen Unterhaltungen mit wenigen Freundinnen, von denen die besten ebenfalls aus Schweden stammten.

Ihre Tochter, meine Großmutter, hat bei ihr offenbar in guter Lehre gestanden, und da ich ihr oft über die Schulter schaute (gut getarnt im Kochnebel der Küche), lernte ich Tricks und Geheimnisse und vor allen Dingen, auf das eigene Gefühl zu achten.

Dickmilch
Tykmælk

1 l frische Vollmilch (nicht homogenisiert, sondern pasteurisiert), 1 dl Buttermilch, 5 Scheiben altes Schwarzbrot, 100 g brauner Rohrzucker oder weißer Zucker

Man gießt die nicht eiskalte Vollmilch direkt in die tiefen Portionsteller und mischt in jeden 1 Esslöffel Buttermilch. Dann ins Warme stellen, aber nicht in die Sonne. Mehr als einen Tag sollte sie dort nicht stehen. Die Milch dickt dann ein. Vor dem Servieren kühlen. Geriebenes Schwarzbrot und Zucker streut jeder selbst auf.

Meine Großmutter bereitete im Sommer manchmal Tykmælk. Dann konnte die gute Stube 24 Stunden nicht benutzt werden, denn dort harrte die Milch ihrer Eindickung. Das ging nur hier im Warmen. Mein Großvater konnte dann auch nie die Zeitung vom Vortag finden, denn damit waren die Teller abgedeckt, um Fliegen zu hindern, dort ein vorzeitiges Ende zu finden. Aber am Mittag darauf war die Zeitung wieder da und sein Lieblingsgericht fertig und schön gekühlt, weil seine Frau es auf die kalten Stufen des Treppenhauses der Hintertür gestellt hatte. Da herrschte ewiger Schatten. Und die Großeltern freuten sich auf eines der Gerichte ihrer Kinderzeit, billig, nahrhaft und gut und jeder Teller voller Erinnerungen.

Wir Kinder mochten es allerdings weniger. Unser Vater mochte es wohl auch nicht, aber er aß jeden Löffel mit Andacht und erinnerte sich dabei bestimmt an die Sommer vor über 50 Jahren, bei seiner Großmutter in Aabenraa, wo er es auch nicht gemocht, aber ihr zu Gefallen gegessen hatte.

Unreife Pfefferminzbirnen

Umodne Krusemynte Pærer

Ungewöhnlich ist eine Variante von „Pærer med Tyttebær" (s. d.), „Umodne Krusemynte Paerer", Birnen mit krauser Minze. Man geht wie oben vor, mischt der Schlagsahne etwas Vanillesoße mit pürierten frischen Minzblättern unter.

Man nimmt aber keine reifen Birnen, sondern die härteren, noch nicht ganz reifen oder auch Kochbirnen. Sie bleiben auch beim Kochen fest und lassen sich gut in der süßsauren Lake konservieren. Sie erlauben weitere Experimente, weil zu der Minze z. B. dunkle, geraspelte Schokolade gut passt. Das Ganze wird mit kleinen Minztrieben dekoriert, die rundum eingesteckt sind.

Waffeln

Vafler

Louise Nimb kam 1888 (in ihrem Fru Nimb's Kogebog) für die Waffeln mit wenigen, unaufwendigen Zutaten aus:

„1 pot" (9,6 dl) Sahne, $^1/_4$ Pfund (also 125 g) Mehl, 2 Eier,

die einfach zusammengerührt wurden. Um 1960 ist es in „den gule" von Törleffs Hausfrauen Service nicht viel üppiger:

$3^1/_2$ dl Schlagsahne, 125 g Mehl und 1 TL Vanillin für „Flødevafler", Sahnewaffeln.

Politikens Handbuch „Vi laver Mad" von 1978 hat immerhin neben Mehl (125 g) und $^1/_2$ l Milch und 2 Eiern auch 1 EL Zucker und 50 g Butter.

Je einfacher und weniger die Zutaten, desto eher gelingt die Waffel.

Zum Backen werden die alten eisernen Waffeleisen zunächst in die Glut gelegt, um richtig heiß zu werden, 5 Min. auf jeder Seite! Wenn sie dampfen, ist es genug, man kann sie aufklappen und mit einer Speckschwarte oder einem Stück Butter innen abreiben. Dann gießt man in das aufgeklappte, waagrecht gehaltene Eisen auf die Mitte der unteren Fläche einen großen EL Teig, klappt das Eisen zu, bäckt ungefähr 3 Min. oder weniger und dreht das Eisen auf die andere Seite. Wenn der seitlich herausgequetschte Überhang goldbraun geworden ist, kann man aufklappen und mit dem Messer die Waffel lösen.

Bei den elektrischen modernen Eisen ist der untere Teil ohnehin waagrecht montiert und man klappt lediglich den oberen Deckel der Form auf und zu. Einige haben ein Thermostat und zeigen die Reife der Waffel an.

Bedingung für die Herstellung ist ein Waffeleisen aus Metall, für die Glut oder elektrisch zu betreiben. Die einfachen alten Klappeisen gibt es mitunter noch als Antiquität zu kaufen. Sie sind nahezu unzerstörbar und meistens heute noch einwandfrei zu nutzen. Man bäckt dann sozusagen eine moderne Antiquität, und sie bilden ihr Muster oder Bildmotiv so lebendig ab, wie sie es vor 200 oder 300 Jahren getan haben. Erhitzt werden sie direkt in der Glut eines herabgebrannten Lager- oder Osterfeuers im Garten oder in der Grillkohle. Dic modernen elektrischen Eisen sind meist antihaftbeschichtet und brauchen kaum eingefettet zu werden.

Dessertwein
Dessert Vin

Bei feinem Essen wird zum Dessert schwerer Süßwein gereicht. Der Begleitwein für Nachspeisen hat nationale Besonderheiten des Brauchtums. So trinkt man traditionell in England feinen Bordeaux (Claret), Sherry und Portwein, in Frankreich erlesenen alten Bordeaux und Burgunder, in Deutschland süße Weine oder Sherry.

Dänemark liebte Portwein. Mein dänischer Großvater bestand zum Weihnachtsdessert, der Citron Fromage, auf den dunklen Malaga, den er sich in Dänemark nicht erlauben konnte, aber in Altona Jahr für Jahr selbst aus der Handlung „Spundflasche" in Ottensen holte, wo gute Qualität erschwinglich war und die dänische hohe Alkoholsteuer nicht galt. Herr Spundflasche war einer Unterhaltung auch nicht abgeneigt, die Großvater in seinem geschliffenen, altertümlichen Deutsch liebte und durchaus fand, der Wein- und Zigarrenmann sei interessant und außerdem ein berühmter Fußballspieler des Vereins Altona 93 gewesen.

Großvater verstand durch viele lange Deutschlandreisen (mit seinen Freifahrten der Danske Statsbaner) nämlich wirklich etwas von Weinen und hatte für den Eigenbedarf eine eigene Herstellung von Obstwein aufgebaut. Die Tricks und Kniffe dazu hatte er sich aus Gartenzeitschriften angelesen, das meiste selbst herausgefunden und Edelhefe aus Deutschland garantierte den Erfolg. Mit Opfern allerdings. Die größere Wohnung, die im selben Haus 1916 bezogen worden war, besaß sogar ein Badezimmer an der kühlen Nordseite, mit Badewanne und Warmwasserofen. Aber das Ganze in Gang zu bringen war viel umständlicher als die nahe Badeanstalt, wo sie immer schon hingegangen waren, und so entstand in der Wanne eine Kelterei mit großen Glasballons, in Weidenkörben mit Strohpa-

ckung sicher darin aufgestellt. Hier wurde dann der Obstsaft eingefüllt, der ohne Entsafter nach der alten Methode im Kochtopf mittels Safttuchfilter aus den Beeren des Gartens gewonnen wurde. Die glücklichste Mischung hieß „StiRi", was für Stikkelsbaer/Rips, also Johannisbeeren und Stachelbeeren stand. Mit Zucker und Hefezusatz entstand ein unglaublich sämiger Portwein, der sich über Jahrzehnte ohne jedes Konservierungsmittel oder gar Schwefelung hielt. Ich habe vor fast 60 Jahren nach Großvaters Tod die letzten Flaschen abgefüllt und in dem Keller meiner Mutter in Hamburg-Hochkamp gelagert. 8 Flaschen gibt es heute noch im Keller unseres Hauses in Kirchwerder. Neulich habe ich zu Ehren dieses Buches eine Flasche geöffnet, deren Naturkorken völlig intakt den Inhalt bewahrt hatte, eine dunkle, unheimlich aromatische malagaartige Flüssigkeit, der man ihre Geburtsstunde in der Badewanne und Abstammung aus dem Gartenmilieu nicht ansehen oder erschmecken kann.

Konnte man selbst nichts herstellen, blieb nur der Gang zum Kaufmann übrig oder eher zu den wenigen Läden der dänischen Provinzstädte, die auf Zigarren und Wein spezialisiert waren, „Vin og Tobak". Hier erwarb man für den Dessertgang dann 1926 z. B. Heerings Cherry Brandy oder 1937 Bodega Portwein. Seit den 1960er-Jahren bis heute waren es vor allem die preiswerteren Kirschweine oder Kalua, ein Kaffeelikör, der ehemals von älteren Damen selbst hergestellt wurde aus einer Flasche Schnaps, Kaffeebohnen und Kandis. Die Mischung musste mindestens einen Monat in der warmen Stube stehen und regelmäßig geschüttelt und umgewendet werden. Mehrere Bekannte meiner Großmutter boten derartige braune Substanz auch zwischendurch zum spontanen Kaffee an.

Weingelee
Vingelé

Für 4 Personen: 1dl Wasser, 100 g Zucker, $^1/_2$ dl Zitronensaft, 1 TL Zitronenschalenabrieb, 6 Blatt Gelatine, $^1/_4$ l Weißwein (statt Wein Saft aus Weintrauben), $^1/_2$ dl Madeira, $^1/_2$ l Schlagsahne. Wünscht man ein rötliches Gelee, muss rote Gelatine genommen werden.

Im Topf: Wasser, Zitrone, Zucker kochen. Gelatine einweichen und in der Zuckerlösung schmelzen. Wein einrühren. Masse in Randform oder Backform mit gewellter Wandung gießen. Im Kühlschank ca. 3 Stunden kühlen. Auf Servierplatte stürzen, Schlagsahne schlagen und dazu servieren.

Prinz von Wales-Pudding
Prince of Wales Budding

250 g Zucker, 8 Eier, 1 Zitrone (Saft und Schale), 30 g Blattgelatine, $^1/_4$ l Wasser, rote Saftsoße

Eier trennen. Eigelbe mit Zucker 15 Min. (!) gründlich glatt rühren. Saft und geriebene Schale der Zitrone dazutun. Gelatine in $^1/_2$ l Wasser auflösen. Eiweiß steif schlagen. Gelatine zu den Eigelben gießen und kräftig darunterschlagen (um Bildung von Schlieren zu vermeiden) und das Eiweiß unterheben. In befeuchtete, innen gezuckerte Glasschale gießen, bis höchstens 1 cm unter den Rand. Kalt gestellt ruhen lassen. Nach ca. 2 Stunden auf die Servierplatte stürzbar. Dazu selbst eingemachten Fruchtsaft z. B. aus Kirschen, mit etwas Kartoffelmehl zur Soße eindicken.

Prince of Wales

8 Æggeblommer røres med $^1/_2$ Pund Sukker $^1/_4$ Time, Saften og Skallet(!) af een Citron kommes til. 2 lod Gelatine opløses i $^1/_8$ Kanne Wand(!) ($^1/_4$ Liter) og hældes til de rørte Æggeblommer, samt ogsaa de til stiv Skum piskede Hvider, den ophældes i en Glasskaal eller i en Form som vendes. – Spises med rød Souce. Velbekomme!/ Venlig Hilsen/ Helene Paulsen

8 Eigelbe rührt man mit $^1/_2$ Pfund Zucker $^1/_4$ Stunde lang, Saft und Schale einer Zitrone kommen dazu. 2 Lot Gelatine werden aufgelöst in $^1/_8$ Kanne (gemeint wohl $^1/_8$ Pot also ca. $1^1/_2$ dl) Wasser und werden in die gerührten Eigelbe gegossen sowie die zu steifem Schaum geschlagenen Eiweiße, es wird in eine Glasschale gegossen oder in eine Form die gewendet wird. Zu essen mit roter Soße. Wohl bekomms/ freundlichen Gruß/ Helene Paulsen

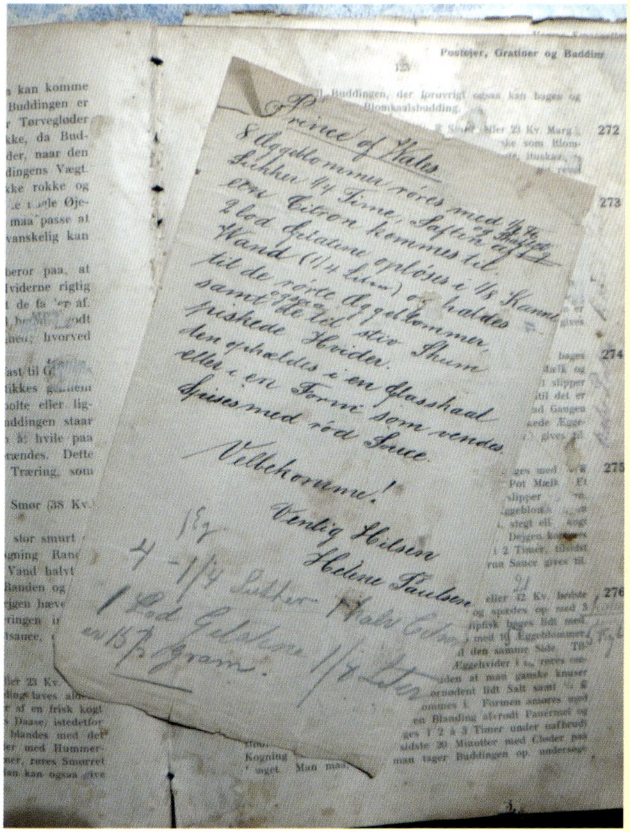
Prince of Wales
8 Æggeblommer røres med 1/2 Pd Sukker 1/4 Time, Saften af een Citron kommes til
2 lod Gelatine opløses i 1/8 Kanne Wand (1/4 Liter) og hældes til de rørte Æggeblommer, samt ogsaa de til stiv Skum piskede Hvider, den ophældes i en Glasskaal eller i en Form som vendes.
Spises med rød Souce.
Velbekomme!
Venlig Hilsen
Helene Paulsen

In einem meiner ererbten alten dänischen Kochbücher fand ich handschriftliche Zettel und einige Zeitungsausschnitte, die praktischerweise genau dort abgelegt waren, wo das Buch ähnliche Gerichte angab. In „Fru Constantins Husholdnings og Kogebog", das in Kopenhagen 1902 in zweiter Auflage erschien, lag im Kapitel „stürzbare Puddings" eine Anweisung für den Nachtisch „Prince of Wales". Helene Paulsen schreibt akkurat mit Feder in Schwarz „med venlig Hilsen", freundlichen Grüßen. Dabei handelt es sich zu dieser Zeit wohl um Viktorias Vetter und verstorbenen Gatten, Albert von Sachsen-Coburg-Gotha (1819–1861). So könnte es also auch ein „eingeheirateter" deutscher Pudding oder ein englischer sein, der nun als dänische Anweisung mit britischem Flair daherkommt. Da die Rezepte des Buches fast immer für 12 Personen bestimmt sind, erscheinen die nur 8 Eier als eher relativ „bescheidener" Aufwand, aber immer noch (wegen der kostbaren Eier) großer Luxus.

Xanthippe gilt als Symbol eines „zänkischen Eheweibes". Sie war Gattin des Philosophen Sokrates, den man zum Giftbecher verurteilte, womit er sich erzwungenermaßen selbst umbrachte. Welche Rolle Xanthippe dabei spielte, bleibt im Dunkeln. Aber den Makel der Unfriedlichen, die das Tun und Werk ihres Gatten nicht beurteilen kann oder gar schätzt, wird sie wohl nie los.

Ymer ist aus gesäuerter entrahmter Milch hergestellt, die mit Sahne gerührt und schließlich homogenisert wird. Man erhält sie in Flaschen in den meisten dänischen Supermärkten. Ihre dünnflüssige Substanz lässt sich leicht beheben, wenn man die Schale mit der Milch Stubentemperatur aussetzt.

Xanthippes Rache

Xanthippes Hævn

Gelber Pudding (aus der Tüte) wird mit Lebensmittelfarben und Holundersaft gefärbt. Man lässt den Pudding auf flacher Schale erkalten und verteilt darauf blaue und giftgrüne Farbkleckse, die sich überlappen. Man kann auch mit der Spritztüte und geschmolzener dunkler Schokolade einen karierten Pantoffel darauf zeichnen und das Ganze als typischen Spaß zum Polterabend verschenken.

So ist denn dieses Dessert, ihr zu Ehren, äußerlich grässlich anzuschauen, aber bei näherem Kennenlernen durchaus genießbar.

Ymer krüsch-lecker

Ymer Kræs

1 l Ymer, 250 g Schwarzbrot, 100 g Zucker

In den tiefen Portionstellern eingegossen, dickt der Ymer bei Stubentemperatur ein. Man bestreut ihn mit geriebenem Schwarzbrot und jeder Tischgast streut nach Belieben Zucker (am besten braunen Rohrzucker) auf.

Siehe zu Ymer auch: Lindal Ymer.

Joghurtsorbet
Yoghurt Sorbet

$3^1/_2$ dl Joghurt (Natur, nicht Magerstufe!), 4 EL Marmelade aus Schw. Johannisbeeren, Eiweiß von 2 Eiern. Variante : Erdbeermarmelade

Yoghurt, Zucker und Marmelade mischen, $1^1/_2$ Std. vorfrieren, gelegentlich durchrühren. Herausnehmen und das steif geschlagene Eiweiß untermischen. Dann weitere 2 Std. in den Gefrierer. Die Masse friert nicht durch, sondern wirkt wie Tauschnee oder halb geschmolzenes Wassereis. Sofort in Portionsschalen servieren. Die schöne rosa Masse kann man mit einigen ganzen Beeren (aus dem Gefrierer) dekorieren. (Mengen nach Anweisung in Karolines Kökken, Hft. 2, 1983)

Sansibar-Pudding
Zansibar Budding

100 g Zucker, 2 Eier, 1dl Sherry (oder Apfelsaft), 2dl Schlagsahne, Saft von 1 Apfelsine und $^1/_2$ Zitrone, 4 EL Wasser, 4 TL Gelatinepulver, 4 TL pulverisierte Gewürznelken. Als Dekor: eingemachte Pfirsichhälften,1EL Puderzucker

Im heißen Wasserbad: Zucker, Eigelb, Nelken, Sherry (bzw. Apfelsaft) und Zitrussäfte schaumig schlagen. Gelatine 2 Min. in kaltem Wasser einweichen und einrühren. Abkühlen lassen bis handwarm, dann steif geschlagene Sahne unterheben. Form, glatt oder profiliert, kalt ausspülen, Masse einfüllen, ca. 5 Std. kühlen, dann auf Platte stürzen. Pfirsiche in Scheiben oder dünnen Booten drum herum arrangieren und alles mit Puderzucker bestreuen.

(Grundrezept um 1965 bei Toersleffs „Gule Dessertbog")

Sansibar (engl. Zansibar) an der Westküste Afrikas ist heute die zweitgrößte Stadt Tansanias. Einst ein grauenvolles Zentrum des Sklavenhandels, aber bis heute ein wichtiger Ort des Anbaues und Exports von Gewürznelken, die gerade in diesem Dessert auftreten und wohl Grund sein dürften für die Bezeichnung dieses Gerichtes. Aber nur Toersleffs Husmoder Service hat diese koloniale Mischung um 1965 mit 299 anderen Rezepten in die 16. Auflage des „Gule Dessertbog" als gängige Empfehlung an alle dänischen Hausfrauen herausgebracht, bis dahin in 171 000 Exemplaren!

Das Geheimnis dieser selbst gemachten Brause war ein Gemisch aus Zucker, Natron und Weinstein, also genau dem, woraus später die Tütchen mit „fertigem" Brausepulver bestehen sollten, die dann in den 1950er-Jahren 10 Öre bzw. 5 Pfennig kosteten und ich mir wegen der „ungesunden Chemie" nicht kaufen durfte.

Die deutsche Tüte hieß sogar Ahoi und es war ein Matrose in Matrosenanzug darauf abgebildet. Da wurde auch ich gelegentlich reingesteckt, aber die passende Brause dazu gab es trotzdem nicht. Was die dänische zeigte, weiß ich nicht mehr, es wird irgendetwas mit einem dänischen Helden gewesen sein.

Apenrader Gebraus
Åbenrå Brus

Sommergetränk für kleine und größere Kinder:
Der obligate rote Saft, selbst eingemacht aus Johannisbeeren oder Kirschen, der mit Wasser verdünnt trinkfertig wird, wird zum „Brus" aufgepeppt mit selbst gemachtem Brausepulver:
Je Glas: $^1/_2$ TL Zucker, $^1/_2$ TL Natron, $^1/_2$ TL Weinstein.
In einer Tasse mischen, in den Saft schütten und sofort (!) trinken.

Schnell, schnell muss es gehen, schnell, schnell, sonst hört das Gebrause auf, kaum dass es angefangen hat: „Drik, drik, skyn jä o drik!", rief Großmutter Andersen, „trinkt, schnell, eilt euch" – und die Brüder stecken ihre Nasen und Münder tief in die großen Gläser mit dem roten brodelnden Saft. Es prickelt schön auf der Haut und ordentlich in die Augen und es blubbert und zischt in einem Augenblick, und schon fällt alles in sich zusammen. Unter etwas rosa Schaum bleibt nur der mit Wasser verdünnte Fruchtsaft, den Großmutter hineingegossen hat.

Für Aabenraa Brus rührte sie in einer Tasse Zucker, Natron und Weinstein zusammen und schüttete mit einem Schwupp alles in die Gläser, die kurz ihre Blasen speiende Aktivität entfalteten. Das war die Attraktion der Sommerferien bei ihr. Ein ganzer Monat fern der Schulen in Altona, wo der Ältere, mein Vater, im neuen Schuljahr ins Gymnasium kommen würde und der Kleine in die Volksschule. Dazu war man 1910 extra umgezogen, als der Vater hier Vorsteher des nach Berlin zweitgrößten Bahnhofes der königlich preußischen Eisenbahn geworden war. Aber nun war man wieder dank der Familien-Freifahrt-Karten in der alten Heimatstadt zurück, wo sie neun Jahre lang gelebt hatten. Der Große feierte jetzt im Juli seinen Geburtstag, natürlich auch mit Aabenraa Brus, das es sonst an den Sonntagen nach dem Mittagessen gab. Das übliche Kindergetränk war der selbst gemachte, stets rote Saft mit klarem Wasser aus dem eigenen Brunnen und das begleitete den kindlichen Teller vom Vorgericht bis zum Dessert.

Verwendete, weiterführende Literatur

Andersen/Haveman,1973	Andersen, Inge und Haveman, Erner und Lotte: God mad, let at lave, København 1973
Algreen/Andersen, 1978	Algreen, Else und Andersen, Inder Erner: Vi laver mad I, København 1978
Constantin, 1902	Constantin, E.: Fru Constantins Husholdnings- og Kogebog, København 1902
Dedichen, 1960	Dedichen, Herman: Middages sammensætning. Husmoderens Ideбøger, København o. J. ca. 1960
Engelstoft/Christensen, 1972	Engelstoft, Jesper und Christensen, Steffen: Vi laver mad, København 6/1972
Hinrichsen, 2012	Hinrichsen, Torkild: Dänische Spezialitäten – Danske specialiteter, Husum 2012; ³2020
Hinrichsen, 2008	Hinrichsen, Torkild: Im Lebkuchenhaus. Lebkuchen aus Europa. Husum 2008. Darin, S. 28–32: Die Wandlung des Süßen
Høst/Milberg, 1929	Høst, Inga und Milberg, Ingeborg: Matlære. Kokebok for Barne- og Fortsettelsesskolen, Oslo 5/1929
Karoline 2, 1983	Mejerikontoret (ed.): Karolines Køkken 2, Aarhus 1983
Larsen/Petersen, 1940	Larsen, Gudrun und Petersen, Karen Harrekilde: Husholdning paa Landet, København 6/1940
Nimb, 1888	Nimb, Louise: Fru Nimbs Kogebog, Kjøbenhavn 1888
Øst-Larsen, 1944	Øst-Larsen, Richard: Den gyldne Kogebog, København 1944
Øst-Larsen, 1962	Øst-Larsen, Richard: Mesterkokkens Idebog, Odense 1962
Thomsen/Skovgaard-Petersen, 1981	Flensborg-Thomsen, Hanne und Skovgaard-Petersen, Anne: Mad fra Brugsen, København 1981
Tørsleffs/gule Dessertbog, 1996	Tørsleffs Husmoder Service (ed.): Den gule Dessertbog, København 16/1996
Tørsleffs/røde Kogebog, 1996	Tørsleffs Husmoder Service (ed.): Den røde Kogebog, København 60/1996

Inhalt / *Indhold*

Rezepte
Opskrifter

Die Rezepte sind, wenn nicht anders angegeben, für 4 Personen berechnet. Alle Anweisungen und Tipps sind Empfehlungen und unbedingt durch eigene praktische Erfahrungen persönlich zu variieren. Eine Haftung des Verlages, seiner Beauftragten und des Verfassers für Schäden an Personen, Sach- und Vermögensgegenständen ist ausgeschlossen.

Widmung
Dieser Band ist gewidmet der Erinnerung an:
Ane Christine Sørensen, meine Urgroßmutter, Prinzipalin des Landgasthofes „Daugaard Gjæstgivergaard"
und
Jenny Ferdinandine Sørensen (geb. Clemmensen), meine Großmutter, Frederikshavn, Nordjytland, der ich beim Kochen über die Schulter geschaut habe.

Dank
Ein herzlicher Dank an meine Kollegin Britta Niebuhr, Bibliothekarin des Altonaer Museums für freundliche Kollegialität und guten Rat und an Hermann Zorn, der als professioneller Koch das Manuskript kritisch gelesen hat und gute Vorschläge einbrachte

Fotografie:
Günter Pump mit Kochstudio : ppfotodesign Frauke Pump, Nordhastedt, S.: 37, 40, 47, 68 re., 75, Vorsatz
Torkild Hinrichsen, S.: 7 li., 9 re., 10, 11, 12 li., 14, 15, 17, 18, 21, 23, 24, 25, 27, 28, 29, 32, 33, 34, 35 re., 36, 38, 39, 42 u. 44, 45, 46, 48 re., 50, 51, 52, 53, 55, 56, 57, 58 o., 59, 61, 62, 64, 65, 67, 69, 72 u.,73, 74, 76, 77 li., 78, 79, 80 re., 81, 82, 83, 84, 85, 86
Jenny Sörensen, S.: 12 re., 80 li.
Verlag, S.: 16, 30, 31, 41, 42 o., 58, 60, 63, 71, 72 u.,77 re., 87
Historische Aufnahmen und Graphik: Sammlung Hinrichsen, S.: 6, 7 re., 8, 9, 19, 22, 26, 34, 35 li., 43, 48 li., 69, 78, 80 li.
Sammlungen: Altonaer Museum, Hamburg, S.: 27; Hof Skarregaard, Limfjord, Jütland, S.: 29, 45

Bibliografische Information der Deutschen Nationalbibliothek
Die Deutsche Nationalbibliothek verzeichnet diese Publikation in der Deutschen Nationalbibliografie;
detaillierte bibliografische Daten sind im Internet über http://dnb.dnb.de abrufbar.

Gesamtherstellung: Husum Druck- und Verlagsgesellschaft
Postfach 1480, D-25804 Husum – www.verlagsgruppe.de
ISBN 978-3-96717-062-7